JN106073

いちばんわかる日商簿記1級 商業簿記・会計学の問題集

第I部

CPA Certified Public Accountant

CPA会計学院 編著

はしがき

本書を手に取る方の多くは、いま日商簿記３級２級の勉強中、もしくは、すでに合格したという方でしょう。

日商簿記１級は日商簿記検定の最高峰に位置づけられる試験です。

簿記２級合格後の新たな目標として、簿記１級は非常におすすめです。

簿記２級においても多くのことを学習しますが、簿記会計分野の領域は非常に広く、簿記２級においてまだ学習できてないことは多々あります。

この点、簿記１級では幅広くそして奥深く学習することになるため、簿記会計に関する大きな強みを身につけることができます。

事実、簿記１級合格者は企業において高く評価されています。しかし、現状簿記１級合格者は多くないため、非常に重宝されます。合格したあかつきには、昇進や転職などキャリアアップに大きく活きることでしょう。

また簿記１級は、国家資格である公認会計士試験や税理士試験の登竜門でもあり、最終的に公認会計士を目指すという方にもおすすめです。

しかし、その分難しい試験であるという点も事実です。

そこで本書においては、難しい内容でもしっかりと身につけられ、かつ、効率的に学習できるよう以下のような特徴を持たせました。

・図や表を積極的に用いることで、理解・定着ができる。

・各論点に例題を設けることで、解く力を養うことができる。

・学習上の重要性を付すことで、効率的に学習できる。

上記に加えて最大の強みは、CPAラーニングと連動している点です。

CPAラーニングでは本書を用いた講義を実施しています。

講義動画は、CPA会計学院の公認会計士講座の講師が担当しており、本書の内容を、かみ砕いてわかりやすく解説しています。正しく理解し、効率的に学習を進めるためにも、講義を受講することをおすすめいたします。

簿記1級はその内用面、試験範囲の広さから、完全独学が難しい試験となっています。本書と合わせて、ぜひCPAラーニングをご活用して頂き、簿記１級の合格を勝ち取って下さい。

本書は、会計資格の最高峰である公認会計士試験で高い合格実績を誇るCPA会計学院が自信を持ってお贈りする一冊です。本書で学習された皆様が、日商簿記検定１級に合格されることを心より願っております。

2023年５月吉日

CPA会計学院　講師一同

■CPAラーニングを活用しよう！

いつでも、どこでも、何度でも
Web受講で理解が深まる!

cpa learning
簿記1級対策講座が
完全無料で
学べる
CPAラーニング！

CPAラーニングの特徴

✓ **プロ講師による「理解できるWEB講義」**

簿記1級を熟知した講師が試験に出やすいポイントやつまづきやすい問題などを丁寧に解説しているので、忙しい社会人の方や就活生でも効率的に最短合格を目指せます。また、WEB講義形式のため、いつでも、どこでも、何度でもご視聴いただけます。

✓ **模擬試験が受け放題**

本番さながらの実力をチェックできる模擬試験を何度でも受験することができます。もちろん、分かりやすい解説付きなので苦手な論点を得意に繋げることができます。

✓ **運営元は大手公認会計士スクール「CPA会計学院！」**

CPAラーニングは公認会計士講座を50年以上運営してきた実績あるCPA会計学院が講義を提供しています。講義は公認会計士講座の講師が担当しているので、本質が理解できるわかりやすい講義を展開します。

✓ **実務で役立つ講義も受けられる**

日商簿記1級講座の受講生は経理、会計、税務、財務などスキルアップできる実務講座を学ぶことができます。基礎的な講座から応用力を鍛える講座まであるため、学習者はレベルにあった講座を選ぶことができます。資格＋実務講義でキャリアアップへ導きます。

✓ **簿記3級2級もすべて無料開放**

簿記1級にチャレンジする前に簿記3級2級の復習がすべて無料でできます。WEB講義から教科書・問題集（PDF）のダウンロードまで必要なものをご用意しています。

ご利用はこちらから

cpa-learning.com

■合格への道

1．学習を始める前に知っておくべき1級の特徴

特徴１　試験科目は４つあるが、実質２科目！

簿記１級の試験科目は「商業簿記」、「会計学」、「工業簿記」、「原価計算」の４つに分けられています。しかし、実際は「商業簿記と会計学」、「工業簿記と原価計算」がそれぞれセットであり、実質２科目です。簿記２級で言えば前者が商業簿記、後者が工業簿記です。簿記１級は、簿記２級の商業簿記と工業簿記の延長線上にあると言えます。

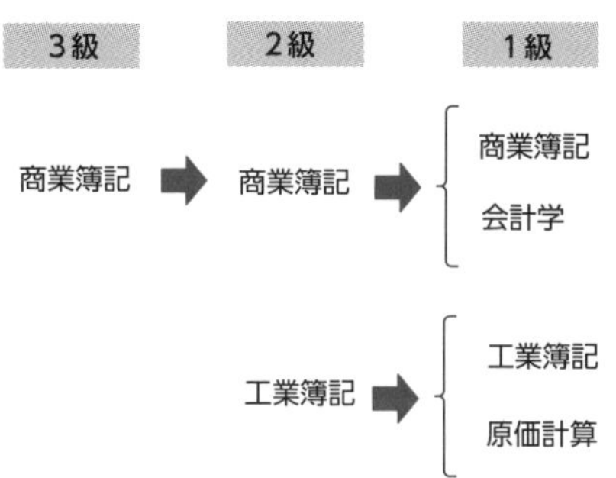

特徴２　試験範囲が広いが、得点調整がなされる！

簿記１級は試験範囲が非常に広く、時にはテキストに記載されてないような論点が出題されることもあります。しかし、簿記１級は得点調整（傾斜配点）がなされると言われます。具体的には、試験が難しく受験生の多くが点数を取れなかった場合、正答率が低い問題の配点は小さくなり、正答率が高い問題の配点が大きくなるよう調整されます。このため、難しい問題をいかに正答するかよりも、正答すべき基本的な問題をいかに失点しないかが大事な試験と言えます。

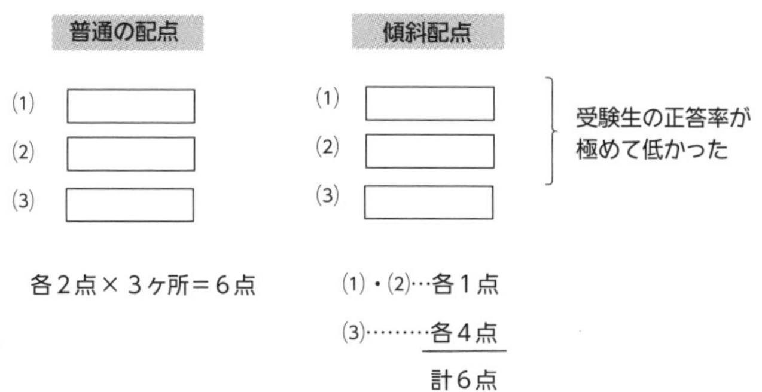

特徴３　理論問題も出題されるが、計算問題を最優先で！

簿記１級では計算問題（金額を解答する問題）だけでなく、理論問題（文章の正誤を判定する問題や語句補充問題）も出題されます。理論の出題範囲は幅広く、完璧な対応は不可能に近いです。しかし、配点は計算問題の方が多く、また、計算問題が解ければ正答できるレベルの理論問題も多いです。そのため、計算問題をしっかり解けるようにすることを最大限意識して学習するようにしましょう。

2．短期で確実に合格するために！

①　CPAラーニングの動画を見る！

簿記１級は内容的にも分量的にも、独学で合格を目指すのは非常に大変です。合格への最短ルートは、講義動画を見ることです。CPAラーニングでは、CPA会計学院の人気講師が本テキストを使用してわかりやすく講義しています。講義は、「商業簿記・会計学」と「工業簿記・原価計算」の２つありますが、並行して学習することをおすすめします。

②　重要度を意識する！

本書は「論点の説明→例題で確認」という構成にしていますが、全ての例題に重要度を明示しています。簿記１級は試験範囲が広く、網羅的に学習することは非常に大変です。また、得点調整が行われる可能性も考慮すると、難しい論点に勉強時間を充てるのは非効率な勉強とも言えます。効率的に学習するために、重要度を活用して下さい。

重要度Ａ	どんな方も解けるようにすべき論点
重要度Ｂ	基本的に解けるようにすべきだが、余裕がない方はやらなくてよい論点
重要度Ｃ	余裕がある方のみ解けるようにすべき論点

※１つの問題に複数の重要度の論点が含まれている場合、基本的に、高い方の重要度を表示しています。

基本的には重要度Ｂまでをしっかりと復習して、正答できる力を身につけるのがおすすめです。

もし、時間がない方は重要度Ａまでをしっかりとやって、簡単な論点のみ重要度Ｂまで手を出すようにして下さい。

③　計算問題をスラスラ解けるようにする！

上述の通り、簿記１級では理論問題も出題されますが、合格への最短ルートは計算問題をできるようにすることです。計算問題は１回復習しただけではスラスラ解けるようにはなりません。講義後、最低でも３回は例題を解くようにしましょう。

	タイミング	ここに注意！
１回目	講義後すぐに	講義を聞いただけでは解けないので、最初は解答解説を見ながらやりましょう。その後に、解答解説を見ずに自力で解いてみるようにして下さい。
２回目	１回目の復習の３日後	３日しか経ってなくても結構忘れてるので、解けなくなってるかもしれません。でも、それで大丈夫です。知識は、「忘れかけた頃に思い出す」ことで身についていくものだからです。
３回目	２回目の復習の１週間後	３回目なので論点によってはスラスラ解けるかもしれません。ただ、やっぱりすっかり忘れて解けないことも多いです。でも、それで大丈夫です。知識は、「忘れかけた頃に思い出す」ことで身についていくものだからです。

また、３回目以降も継続して復習するようにして下さい。１ヶ月～1.5ヶ月おきに復習するのがおすすめです。３回目の復習で完璧に解けるようになったとしても、時間の経過によりだんだんと忘れてしまうので解けなくなってるかもしれません。でも、それで大丈夫です。知識は、「忘れかけた頃に思い出す」ことで身についていくものだからです。

④　基礎固めを大事にする！

簿記１級では応用的な問題も出題されます。応用的な問題は無限にパターンがあるので、全てのパターンを事前に演習することは不可能です。では､応用問題への対応力はどのように身につけるのでしょうか？

それは、基礎を徹底的に固めることです。基礎固めこそが応用力獲得の一番の近道です。そして、そのために例題を何回も反復するようにして下さい。

何回も反復すると解答数字を覚えてしまうかもしれません。しかし例題で大事なのは、解答数字を算定することよりも、「自分が何を分かっていて、何が分かってないのか」を明確にすることです。例題が解けなかったり、解けたけど解き方でちょっと迷ったり、問題文の意味が読み取れなかったり、ちょっとした勘違いをしたり、などなどスラスラ解けないことがあるはずです。

ちょっとでもスラスラ解けなかったら、そこは理解不足・定着不足という認識を持つようにして下さい。基礎をしっかりと固め、理解不足や定着不足をゼロに近づけることで合格に近づいていきます。

理解するためのコツ～自分に問いかけてみよう～

- なぜそうするのかを説明できる？
- 似た論点の違いがわかってる？
- 問題文の指示の意味がわかってる？（問題文読まずに、単にその例題の解き方を覚えちゃってない？）
- 計算式の意味がわかっている？（単に計算式を公式のように覚え、そこに数値を当てはめるだけになっていない？）

⑤　講義を受講し終えたらあとは総復習！

講義が全部終わってからは総復習の段階に入ります。全範囲を学習してみると、簿記１級の試験範囲の広さが実感でき、多くのことを学習してきたことがわかるでしょう。それは「全範囲を勉強したぞ」という自信にもつながりますが、一方で、試験範囲の広さを目の当たりにして自信をなくすかもしれません。

しかし、講義が全部終わったのなら合格まであと一歩です。合格できるかどうかは、講義を受講し終えてからの総復習にかかっています。まだ完全に身についてない論点を再度復習し、穴を一つひとつ埋めていきましょう。また、完全に身についた論点についても、忘れてしまっていないかという点を確認するようにして下さい。

これを繰り返すことで、基礎が固まり、合格するための力を身につけることができます。簿記１級は合格率の低い試験ではありますが、難しい問題を解けるようにしないと受からない試験ではありません。

講義が終われば合格まであと少しです。合格に向けて総復習、頑張って下さい。

■日商簿記検定１級について

試験概要

受験資格	なし
試験形式	年2回のペーパー試験
申込期日	受験日の約2か月前から約1か月間 (受験希望地の商工会議所によって、申込期日や申し込み方法は異なる)
受験日	6月中旬（第2日曜日)、11月下旬（第3日曜日)
受験料	税込7,850円
試験科目	商業簿記・会計学・工業簿記・原価計算
試験時間	商業簿記・会計学（90分) 工業簿記・原価計算（90分) 合計180分（途中休憩あり)
合格基準	70%以上 ただし、1科目ごとの得点は40%以上
合格発表日	受験後、約1か月後に発表（商工会議所により異なる)
筆記用具について	試験では、HBまたはBの黒鉛筆、シャープペン、消しゴムが使用可 (ラインマーカー、色鉛筆、定規等は使用不可)
計算器具について	電卓の持ち込み可（ただし、計算機能（四則演算）のみのものに限り、例えば、次の機能があるものは持ち込み不可。印刷（出力）機能、メロディー（音の出る）機能、プログラム機能（例）：関数電卓等の多機能な電卓、辞書機能（文字入力を含む）ただし、次のような機能は、プログラム機能に該当しないものとして、試験会場での使用を可とします。日数計算、時間計算、換算、税計算、検算（音のでないものに限る)
合格率	10％前後であることが多い

※　本書の刊行時のデータです。最新の情報は商工会議所のWEBサイトをご確認ください。(https://www.kentei.ne.jp/bookkeeping)

■書籍の訂正及び試験の改正情報について

発行後に判明した誤植や試験の改正については、下記のURLに記載しております。

cpa-learning.com/correction-info

目　次

第 I 部

第18章　社債　203

第19章　退職給付会計　211

第20章　資産除去債務　227

第21章　純資産　235

第22章　会計方針の開示、会計上の変更及び誤謬の訂正　265

第23章　四半期財務諸表　277

第24章　収益認識　283

第25章　本支店会計　299

第Ⅱ部

第 1 章

簿記の全体像

問題	ページ	出題論点
1-1	2	簿記の一巡

1-1 簿記の一巡

重要度A　/ □ / □ / □

次の資料により、以下の問いに答えなさい。なお、会計期間は１年、決算日は３月31日であり、当期はＸ２年４月１日～Ｘ３年３月31日である。

〔資料Ⅰ〕 当期首の繰越試算表

繰　越　試　算　表

X2年４月１日　（単位：円）

借方科目	金額	貸方科目	金額
現金預金	5,800	買掛金	4,300
売掛金	6,000	未払法人税等	1,200
繰越商品	4,000	貸倒引当金	200
前払営業費	1,200	減価償却累計額	1,200
備品	3,000	資本金	10,000
		利益準備金	800
		繰越利益剰余金	2,300
	20,000		20,000

〔資料Ⅱ〕 期中取引

⑴ 商品25,000円を掛けで仕入れた。

⑵ 商品を50,000円で掛け売り上げした。

⑶ 売掛金35,000円を現金で回収した。

⑷ 買掛金19,000円を現金で支払った。

⑸ 営業費18,000円を現金で支払った。

⑹ 法人税等の確定申告を行い、期首の未払法人税等1,200円を現金で支払った。

⑺ Ｘ２年６月28日の定時株主総会において、利益剰余金の配当1,000円及び利益準備金の積立100円を行うことを決議した。

⑻ ⑺の配当金1,000円を現金で支払った。

〔資料Ⅲ〕 決算整理事項

⑴ 期末商品棚卸高　5,500円　（売上原価の集計場所は仕入勘定とする）

⑵ 売掛金の期末残高に対して２％の貸倒引当金を差額補充法で設定する。

⑶ 備品は定率法（耐用年数５年、償却率0.4、残存価額ゼロ）により減価償却を行う。

⑷ 未払営業費700円の計上をする。

⑸ 当期の法人税等は1,981円であった。なお、中間納付は行っていないものとする。

問1 再振替仕訳を示しなさい。

問2 期中仕訳を示しなさい。

問3 決算整理前残高試算表を作成しなさい。

問4 決算整理仕訳を示しなさい。

問5 決算整理後残高試算表を作成しなさい。

問6 決算振替仕訳を示すとともに、損益勘定、繰越利益剰余金勘定及び繰越試算表を作成しなさい。

問7 貸借対照表及び損益計算書を作成しなさい。

■解答欄

問1

(借)			(貸)		

問2

(借)			(貸)		

問3

決算整理前残高試算表

X3年3月31日　　　　(単位：円)

借方科目	金額	貸方科目	金額
現金預金	(　　　)	買掛金	(　　　)
売掛金	(　　　)	貸倒引当金	(　　　)
繰越商品	(　　　)	減価償却累計額	(　　　)
備品	(　　　)	資本金	(　　　)
仕入	(　　　)	利益準備金	(　　　)
営業費	(　　　)	繰越利益剰余金	(　　　)
		売上	(　　　)
	(　　　)		(　　　)

問4

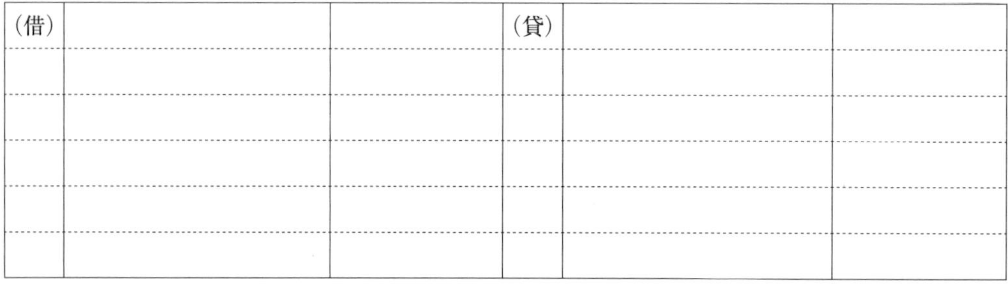

(借)			(貸)		

問5

決算整理後残高試算表

X3年3月31日　　　　(単位：円)

借方科目	金額	貸方科目	金額
現金預金	(　　　)	買掛金	(　　　)
売掛金	(　　　)	未払法人税等	(　　　)
繰越商品	(　　　)	未払営業費	(　　　)
備品	(　　　)	貸倒引当金	(　　　)
仕入	(　　　)	減価償却累計額	(　　　)
営業費	(　　　)	資本金	(　　　)
貸倒引当金繰入額	(　　　)	利益準備金	(　　　)
減価償却費	(　　　)	繰越利益剰余金	(　　　)
法人税等	(　　　)	売上	(　　　)
	(　　　)		(　　　)

問6

(借)			(貸)		

損　益

3/31	仕入	(　)	3/31	売上	(　)
〃	営業費	(　)			
〃	貸倒引当金繰入額	(　)			
〃	減価償却費	(　)			
〃	法人税等	(　)			
〃	繰越利益剰余金	(　)			
		(　)			(　)

繰越利益剰余金

6/28	諸口	(　)	4/1	前期繰越	(　)
3/31	次期繰越	(　)	3/31	損益	(　)
		(　)			(　)

繰越試算表

X3年3月31日　(単位：円)

現金預金	(　)	買掛金	(　)
売掛金	(　)	未払法人税等	(　)
繰越商品	(　)	未払営業費	(　)
備品	(　)	貸倒引当金	(　)
		減価償却累計額	(　)
		資本金	(　)
		利益準備金	(　)
		繰越利益剰余金	(　)
	(　)		(　)

問7

貸借対照表

X3年3月31日　(単位：円)

現金預金	(　　)	買掛金	(　　)
売掛金	(　　)	未払法人税等	(　　)
貸倒引当金	(　　)	未払費用	(　　)
商品	(　　)	資本金	(　　)
備品	(　　)	利益準備金	(　　)
減価償却累計額	(　　)	繰越利益剰余金	(　　)
	(　　)		(　　)

損益計算書

X2年4月1日～X3年3月31日　(単位：円)

売上高		(　　)
売上原価		
期首商品棚卸高	(　　)	
当期商品仕入高	(　　)	
小計	(　　)	
期末商品棚卸高	(　　)	(　　)
売上総利益		(　　)
販売費及び一般管理費		
貸倒引当金繰入額	(　　)	
減価償却費	(　　)	
営業費	(　　)	(　　)
税引前当期純利益		(　　)
法人税等		(　　)
当期純利益		(　　)

解答・解説 簿記の一巡

問1

(借)	営業費	1,200	(貸)	前払営業費	1,200

問2

(借)	仕入	25,000	(貸)	買掛金	25,000
(借)	売掛金	50,000	(貸)	売上	50,000
(借)	現金預金	35,000	(貸)	売掛金	35,000
(借)	買掛金	19,000	(貸)	現金預金	19,000
(借)	営業費	18,000	(貸)	現金預金	18,000
(借)	未払法人税等	1,200	(貸)	現金預金	1,200
(借)	繰越利益剰余金	1,100	(貸)	未払配当金	1,000
				利益準備金	100
(借)	未払配当金	1,000	(貸)	現金預金	1,000

※ 試算表に計上されている勘定科目が「現金預金」であるため現金勘定ではなく、現金預金勘定を用いる。

問3

決算整理前残高試算表

X3年3月31日 (単位：円)

現金預金	1,600	買掛金	10,300
売掛金	21,000	貸倒引当金	200
繰越商品	4,000	減価償却累計額	1,200
備品	3,000	資本金	10,000
仕入	25,000	利益準備金	900
営業費	19,200	繰越利益剰余金	1,200
		売上	50,000
	73,800		73,800

問4

(借)	仕入	4,000	(貸)	繰越商品	4,000
(借)	繰越商品	5,500	(貸)	仕入	5,500
(借)	貸倒引当金繰入額	220	(貸)	貸倒引当金	220
(借)	減価償却費	720	(貸)	減価償却累計額	720
(借)	営業費	700	(貸)	未払営業費	700
(借)	法人税等	1,981	(貸)	未払法人税等	1,981

問5

決算整理後残高試算表

X3年3月31日　　(単位：円)

現金預金	1,600	買掛金	10,300
売掛金	21,000	未払法人税等	1,981
繰越商品	5,500	未払営業費	700
備品	3,000	貸倒引当金	420
仕入	23,500	減価償却累計額	1,920
営業費	19,900	資本金	10,000
貸倒引当金繰入額	220	利益準備金	900
減価償却費	720	繰越利益剰余金	1,200
法人税等	1,981	売上	50,000
	77,421		77,421

問6

(借)	売上	50,000	(貸)	損益	50,000
(借)	損益	46,321	(貸)	仕入	23,500
				営業費	19,900
				貸倒引当金繰入額	220
				減価償却費	720
				法人税等	1,981
(借)	損益	3,679	(貸)	繰越利益剰余金	3,679

※　繰越利益剰余金への振替額（当期純利益）：収益50,000－費用46,321＝3,679

損　　益

3/31	仕入	23,500	3/31	売上	50,000
〃	営業費	19,900			
〃	貸倒引当金繰入額	220			
〃	減価償却費	720			
〃	法人税等	1,981			
〃	繰越利益剰余金	3,679			
		50,000			50,000

繰越利益剰余金

6/28	諸口	1,100	4/1	前期繰越	2,300
3/31	次期繰越	4,879	3/31	損益	3,679
		5,979			5,979

繰越試算表

X3年3月31日 (単位：円)

現金預金	1,600	買掛金	10,300
売掛金	21,000	未払法人税等	1,981
繰越商品	5,500	未払営業費	700
備品	3,000	貸倒引当金	420
		減価償却累計額	1,920
		資本金	10,000
		利益準備金	900
		繰越利益剰余金	4,879
	31,100		31,100

問7

貸借対照表

X3年3月31日　　(単位：円)

借方	金額	貸方	金額
現金預金	1,600	買掛金	10,300
売掛金	21,000	未払法人税等	1,981
貸倒引当金	△420	未払費用	700
商品	5,500	資本金	10,000
備品	3,000	利益準備金	900
減価償却累計額	△1,920	繰越利益剰余金	4,879
	28,760		28,760

損益計算書

X2年4月1日～X3年3月31日　　(単位：円)

売上高		50,000
売上原価		
期首商品棚卸高	4,000	
当期商品仕入高	25,000	
小計	29,000	
期末商品棚卸高	5,500	23,500
売上総利益		26,500
販売費及び一般管理費		
貸倒引当金繰入額	220	
減価償却費	720	
営業費	19,900	20,840
税引前当期純利益		5,660
法人税等		1,981
当期純利益		3,679

第2章

企業会計原則等

問題	ページ	出題論点
2-1	12	一般原則①
2-2	14	一般原則②
2-3	16	損益計算書原則
2-4	18	貸借対照表原則
2-5	20	財務会計の概念フレームワーク

2-1　一般原則①

重要度B　／□　／□　／□

次の文章は「企業会計原則」の一節である。次の各文章の（　　）の中に入る適切な語句を記入しなさい。

一　真実性の原則

企業会計は、企業の財政状態及び（　1　）に関して、真実な報告を提供するものでなければならない。

二　（　2　）の原則

企業会計は、すべての取引につき、（　2　）の原則に従って、正確な会計帳簿を作成しなければならない。

三　資本・利益区別の原則

資本取引と損益取引とを明瞭に区別し、特に（　3　）と（　4　）とを混同してはならない。

四　（　5　）性の原則

企業会計は、財務諸表によって、利害関係者に対し必要な会計事実を（　5　）に表示し、企業の状況に関する判断を誤らせないようにしなければならない。

五　（　6　）性の原則

企業会計は、その処理の原則及び手続を毎期（　6　）して適用し、みだりにこれを（　7　）してはならない。

六　（　8　）の原則

企業の財政に不利な影響を及ぼす可能性がある場合には、これに備えて適当に（　9　）な会計処理をしなければならない。

七　（　10　）性の原則

株主総会提出のため、信用目的のため、租税目的のため等種々の目的のために異なる形式の財務諸表を作成する必要がある場合、それらの内容は、信頼しうる会計記録に基づいて作成されたものであって、政策の考慮のために事実の真実な表示をゆがめてはならない。

■解答欄

1		2		3	
4		5		6	
7		8		9	
10					

解答・解説　一般原則①

1	経営成績	2	正規の簿記	3	資本剰余金
4	利益剰余金	5	明瞭	6	継続
7	変更	8	保守主義	9	健全
10	単一				

一　真実性の原則

企業会計は、企業の財政状態及び⑴経営成績に関して、真実な報告を提供するものでなければならない。

二　⑵正規の簿記の原則

企業会計は、すべての取引につき、⑵正規の簿記の原則に従って、正確な会計帳簿を作成しなければならない。

三　資本・利益区別の原則

資本取引と損益取引とを明瞭に区別し、特に⑶資本剰余金と⑷利益剰余金とを混同してはならない。

四　⑸明瞭性の原則

企業会計は、財務諸表によって、利害関係者に対し必要な会計事実を⑸明瞭に表示し、企業の状況に関する判断を誤らせないようにしなければならない。

五　⑹継続性の原則

企業会計は、その処理の原則及び手続を毎期⑹継続して適用し、みだりにこれを⑺変更してはならない。

六　⑻保守主義の原則

企業の財政に不利な影響を及ぼす可能性がある場合には、これに備えて適当に⑼健全な会計処理をしなければならない。

七　⑽単一性の原則

株主総会提出のため、信用目的のため、租税目的のため等種々の目的のために異なる形式の財務諸表を作成する必要がある場合、それらの内容は、信頼しうる会計記録に基づいて作成されたものであって、政策の考慮のために事実の真実な表示をゆがめてはならない。

2-2 一般原則②

重要度 B　／□　／□　／□

次の文章について、正しいと思うものには○印を、正しくないと思うものには×印を解答欄に記入しなさい。

(1) 「企業会計は、企業の財政状態及び経営成績に関して、真実な報告を提供するものでなければならない。」としているが、ここでいう真実とは、絶対的な真実を意味する。

(2) 企業の財政に不利な影響を及ぼす可能性があるときに保守主義が適用されるが、過度な保守主義は認められない。

(3) 資本取引と損益取引の区分に関して、資本取引として扱うものを損益取引として扱えば、本来維持拘束しなければならないものが社外流出することから問題がある。一方で、損益取引として扱うべきものを資本取引として扱った場合、上述のような問題は生じない。よって、損益取引として扱うべきものを資本取引として処理することは容認される。

(4) 一般に公正妥当と認められていない会計処理方法から、一般に公正妥当と認められている会計処理方法への変更は、継続性の原則にいう正当な理由による変更である。

(5) 後発事象とは、貸借対照表日後に発生した事象で、次期以降の財政状態及び経営成績に影響を及ぼすものをいうが、後発事象が発生したときは、当該事項を注記しなければならない。

(6) 財務諸表の提出先は様々であるため、その財務諸表の提出先に合わせて形式を変更してもよい。

(7) 正規の簿記の原則によれば、重要性の乏しいものについては簡便的な処理を採用することができ、それにより生じた簿外資産や簿外負債は容認される。

■解答欄

1		2		3		4		5		6	
7											

解答・解説 一般原則②

1	×	2	○	3	×	4	×	5	×	6	○
7	○										

⑴ 誤り

企業会計は真実な報告を提供するものでなければならないが、その真実とは次の理由により「相対的な真実」とされる。

① 会計に求められる目的は、時代や場所によって異なる。

② 会計上の計算には、多くの見積、判断が介入する。

③ １つの会計事実について、２つ以上の会計処理の原則又は手続の選択適用が認められている。

⑵ 正しい

過度に保守的な会計処理を行った場合には、企業の財政状態及び経営成績の真実な報告が歪められ、真実性の原則に抵触することになるため、過度の保守主義は禁止されることになる。

⑶ 誤り

損益取引として扱うものを資本取引として扱えば、利益が過大又は過小に表示され、適正な期間損益の算定を歪めることになるため、認められない。

⑷ 誤り

継続性が問題とされるのは、一般に公正妥当と認められる会計処理方法から、一般に公正妥当と認められる会計処理方法への変更である。一般に公正妥当と認められない会計処理方法から、一般に公正妥当と認められる会計処理方法への変更は、当然の変更であって継続性の問題ではない。

⑸ 誤り

注記すべき後発事象は、後発事象のうち、重要な後発事象である。

⑹ 正しい

⑺ 正しい

2-3 損益計算書原則

重要度B　／□　／□　／□

次の文章について、正しいと思うものには○印を、正しくないと思うものには×印を解答欄に記入しなさい。

(1) 費用及び収益は、財務諸表の明瞭表示の観点からなるべくこれを相殺して表示し、企業の状況に関する利害関係者の判断を誤らせないようにしなければならない。

(2) 損益計算書には営業損益計算、経常損益計算、純損益計算の区分を設けなければならない。

(3) 経常損益計算の区分は、営業損益計算の結果を受けて、利息、有価証券売却損益その他営業活動以外の原因から生ずる損益、固定資産売却損益等の臨時異常な損益を記載し、経常利益を計算する。

(4) 企業が商品等の販売と役務の給付とをともに主たる営業とする場合には、商品等の売上高と役務による営業収益とは、これを区別して記載するものとする。

(5) 費用及び収益は、その発生源泉に従って明瞭に分類し、各収益項目とそれに関連する費用項目とを損益計算書に対応表示する。

(6) すべての費用及び収益は、その支出及び収入に基づいて計上し、その発生した期間に正しく割当てなければならないが、この場合の支出及び収入は当期の支出及び収入を意味する。

(7) 前払費用及び前受収益は、これを当期の損益計算に計上し、未払費用及び未収収益は、当期の損益計算から除去しなければならない。

■解答欄

1		2		3		4		5		6	
7											

解答・解説 損益計算書原則

1	×	2	○	3	×	4	○	5	○	6	×
7	×										

⑴ 誤り

費用及び収益は、総額によって記載することを原則とし、両者を直接に相殺することは認められない。

⑵ 正しい

⑶ 誤り

固定資産売却損益等の臨時異常な損益（特別損益）は、純損益計算の区分に記載する。

⑷ 正しい

⑸ 正しい

⑹ 誤り

すべての収益及び費用は、その支出及び収入に基づいて計上し、その発生した期間に正しく割当てられるように処理しなければならないが、この場合の支出及び収入は、過去・現在・将来の支出及び収入を意味する。

⑺ 誤り

前払費用及び前受収益は、これを当期の損益計算から除去し、未払費用及び未収収益は、当期の損益計算に計上しなければならない。

2-4 貸借対照表原則

重要度B　／□　／□　／□

次の文章について、正しいと思うものには○印を、正しくないと思うものには×印を解答欄に記入しなさい。

(1) 貸借対照表は、企業の財政状態を明らかにするため、貸借対照表日におけるすべての資産、負債及び資本を記載しなければならない。ただし、正規の簿記の原則（重要性の原則）に従うことにより生じた簿外資産及び簿外負債は、貸借対照表の記載外とすることができる。

(2) 前払費用および前受収益のうち、１年以内に費用又は収益となるものは流動資産又は流動負債とし、１年を超えて費用又は収益となるものは固定資産又は固定負債とする。

(3) 資産と負債はそれぞれ流動項目と固定項目とに分類されなければならないが、その分類は一年基準により行う。

(4) 当期の支出額のうち将来の期間に影響する費用は、将来の期間に配分するため、経過的に貸借対照表の負債の部に記載することとなる。

(5) 流動性配列法とは、貸借対照表項目を流動性の高い順序、すなわち資産については換金性の低い項目の順、負債については、返済期限の遅い項目の順に配列する方法である。

(6) 棚卸資産、建物、ソフトウェアといった費用性資産は、原則として貸借対照表日の時価で評価する。

■解答欄

1		2		3		4		5		6	

解答・解説 貸借対照表原則

1	○	2	×	3	×	4	×	5	×	6	×

(1) 正しい

(2) 誤り

一年基準により分類されるのは前払費用のみであり、前受収益はすべて流動負債となる。

(3) 誤り

分類基準としては「正常営業循環基準」と「一年基準」とがある。

(4) 誤り

将来の期間に属する費用（例えば、前払費用）は、貸借対照表の資産の部に記載する。

(5) 誤り

流動性配列法とは、貸借対照表項目を流動性の高い順序、すなわち資産については換金性の高い項目の順、負債については、返済期限の早い項目の順に配列する方法である。

(6) 誤り

費用性資産は、原則として取得原価で評価する。

2-5　財務会計の概念フレームワーク　重要度B　／□　／□　／□

「財務会計の概念フレームワーク」に関する次の各文章について、（　　）の中に入る適切な語句を記入しなさい。

⑴　財務報告の目的は、投資家の意思決定に資するディスクロージャー制度の一環として、（　1　）とその成果を測定して開示することである。

⑵　会計情報は、投資家の意思決定に役立つ情報である必要があり、このような会計情報の基本的な特性は、（　2　）という。

⑶　貸借対照表における資産・負債を中心に財務諸表の構成要素を定義するアプローチを（　3　）という。

⑷　資産とは、過去の取引または事象の結果として、報告主体（企業）が（　4　）している（　5　）をいう。

■解答欄

1		2		3	
4		5			

解答・解説 財務会計の概念フレームワーク

1	投資のポジション	2	意思決定有用性	3	資産負債アプローチ
4	支配	5	経済的資源		

(1) 財務報告の目的は、投資家の意思決定に資するディスクロージャー制度の一環として、(1)投資のポジションとその成果を測定して開示することである。

(2) 会計情報は、投資家の意思決定に役立つ情報である必要があり、このような会計情報の基本的な特性は、(2)意思決定有用性という。

(3) 貸借対照表における資産・負債を中心に財務諸表の構成要素を定義するアプローチを(3)資産負債アプローチという。

(4) 資産とは、過去の取引または事象の結果として、報告主体（企業）が(4)支配している(5)経済的資源をいう。

第 3 章

現金預金

3-1 現金過不足

重要度B　/ □　/ □　/ □

次の資料に基づいて、決算整理後残高試算表を作成しなさい。

1．決算整理前残高試算表

残　高　試　算　表　（単位：千円）

借方科目	金額	貸方科目	金額
現　　　　　金	84,300	受　取　配　当　金	1,800
現　金　過　不　足	2,000	有　価　証　券　利　息	2,000
受　取　手　形	60,000		
営　　業　　費	5,600		
支　払　利　息	3,000		

2．決算整理事項

(1)　当期末に現金実査を行った結果は、次のとおりである。

①　通貨　50,000千円
②　他人振出小切手　30,000千円　(先日付小切手3,000千円が含まれている)
③　配当金領収証　1,500千円　(未記帳)
④　公社債の利札　2,000千円　(利払日は到来済みである)
⑤　領収書　800千円　(営業費に係るものであり、未記帳となっている)

※　先日付小切手は、受入時に現金勘定の増加として処理している。

(2)　決算整理前残高試算表の現金過不足勘定の原因を調査した結果、以下の項目が記帳漏れであることが判明した。なお、残額は原因不明である。

支払利息：3,500千円　　受取配当金：800千円

■解答欄

決算整理後残高試算表　（単位：千円）

解答・解説 現金過不足

決算整理後残高試算表　　　　(単位：千円)

借方科目	金額	貸方科目	金額
現金	80,500	受取配当金	4,100
受取手形	63,000	有価証券利息	2,000
営業費	6,400		
支払利息	6,500		
雑損	800		

1．決算整理仕訳

(1) 現金実査により判明した事項に係る仕訳

誤った期中仕訳を行った先日付小切手及び未記帳の配当金領収証と領収書について、決算において修正を行う。なお、それ以外(例えば、利払日の到来している公社債の利札)は未処理等の指示がないため、期中に適切に処理されている（決算において修正不要）と判断する。

	借方	金額		貸方	金額
(借)	受取手形	3,000	(貸)	現金	3,000
(借)	現金	1,500	(貸)	受取配当金	1,500
(借)	営業費	800	(貸)	現金	800
(借)	雑損	1,500※1	(貸)	現金	1,500

※1　雑損：下記参照

前T/B		修正			修正後帳簿残高		雑損		現金実査額
84,300	→	先日付小切手	△3,000	→	82,000	→	△1,500	→	80,500※2
		配当金領収証	＋1,500						
		未記帳の領収書	△　800						

※2　現金実査額：50,000（通貨）＋27,000（先日付小切手を除く小切手）＋1,500（配当金領収証）
＋2,000（利払日の到来した公社債の利札）＝80,500

(2) 期中に生じた現金過不足に係る仕訳

	借方	金額		貸方	金額
(借)	支払利息	3,500	(貸)	受取配当金	800
				現金過不足	2,000
				雑益	700

2．決算整理後残高

現金：80,500（現金実査額）

受取手形：60,000（前T/B）＋3,000（先日付小切手）＝63,000

営業費：5,600（前T/B）＋800（未記帳）＝6,400

支払利息：3,000（前T/B）＋3,500（現金過不足）＝6,500

雑損：1,500（雑損）－700（雑益）＝800

受取配当金：1,800（前T/B）＋1,500（配当金領収証）＋800（現金過不足）＝4,100

3-2 総合問題

重要度A ／□ ／□ ／□

当社（A社）に関する次の資料に基づいて、下記の設問に答えなさい。

1．決算整理前残高試算表

残　高　試　算　表　　（単位：千円）

借方科目	金額	貸方科目	金額
現金	1,734	支払手形	2,300
小口現金	200	買掛金	9,100
当座預金	9,104	受取配当金	360
修繕費	860		

2．決算整理事項

(1) 現金実査を行った結果は、次のとおりである。

① 通貨　134千円
② 小切手　1,520千円
③ 配当金領収証　150千円（未記帳）

※ 小切手の内訳は次のとおりである。なお、いずれも受入時に現金として処理している。
Z社振出の小切手700千円、A社振出の小切手500千円、送金小切手320千円

(2) 取引銀行から取り寄せた当座預金の残高証明書の残高9,620千円と当社の当座預金残高を照合した結果、次の不一致の原因が判明した（他の資料で判明するものは省略している）。

① 仕入先へ買掛代金400千円の支払いのため小切手を振り出したが、未渡である。
② 修繕費164千円の支払いのため小切手を振り出したが、未取付である。
③ 得意先より受入れた小切手248千円が、未取立である。
④ 仕入先へ振り出した約束手形300千円が満期となり、当座預金から支払ったが当社に未通知であった。

問1 貸借対照表に計上する「現金及び預金」、「買掛金」、「支払手形」の金額を求めなさい。

問2 損益計算書に計上する「修繕費」、「受取配当金」、「雑益（または雑損）」の金額を求めなさい。

■解答欄

問1

現金及び預金	千円
買掛金	千円
支払手形	千円

問2

修繕費	千円
受取配当金	千円
雑（　　）	千円

※（　）には益または損を記入すること。

解答・解説　総合問題

問1

現金及び預金	11,208　千円
買掛金	9,500　千円
支払手形	2,000　千円

問2

修繕費	860　千円
受取配当金	510　千円
雑損	80　千円

1．決算整理仕訳

(1)　現金

(借)	当座預金	500※1	(貸) 現金	500
(借)	現金	150	(貸) 受取配当金	150
(借)	雑損	80※2	(貸) 現金	80

※1　当座預金：当社はA社であるため、「A社振出の小切手」は自己振出小切手と判断する。自己振出小切手は受入時に当座預金の増加とすべきであるが、当社は誤って現金として処理しているため決算で修正を行う。なお、当座預金勘定が修正されるため、当該修正は銀行勘定調整表にも影響する点(当社の加算修正)に留意すること。

※2　雑損：

前T/B		修正		修正後帳簿残高		雑損		現金実査額
1,734	→	自己振出小切手　△500	→	1,384	→	△80	→	1,304※3
		配当金領収証　＋150						

※3　現金実査額：134（通貨）＋1,020（自己振出小切手を除く小切手）＋150（配当金領収証）＝1,304

(2) 当座預金

① 銀行勘定調整表

銀行勘定調整表

Ⅰ 企業側残高		9,104	Ⅰ 銀行側残高		9,620
Ⅱ 増　加　高			Ⅱ 増　加　高		
1 未渡小切手	400		1 未取立小切手		248
2 自己振出小切手	500	900	Ⅲ 減　少　高		
Ⅲ 減　少　高			1 未取付小切手		164
1 約手の満期決済		300			
修正後残高		9,704	修正後残高		9,704

② 決算整理仕訳

(借)	当座預金	400	(貸)	買掛金	400
(借)	支払手形	300	(貸)	当座預金	300

2．解答の金額

現金及び預金：1,304（現金実査額）＋200（小口現金）＋9,704（当座預金修正後残高）＝11,208

買掛金：9,100（前T/B）＋400（未渡小切手）＝9,500

支払手形：2,300（前T/B）－300（手形決済高）＝2,000

修繕費：860

受取配当金：360（前T/B）＋150（配当金領収証）＝510

雑損：80

第 4 章

有形固定資産

問題	ページ	出題論点
4-1	30	建設仮勘定・圧縮記帳
4-2	32	期中取得・売却
4-3	34	耐用年数の変更・減価償却方法の変更・総合償却
4-4	36	修繕・火災
4-5	40	理論問題

4-1 建設仮勘定・圧縮記帳

重要度A　／□　／□　／□

次の資料に基づいて、決算整理後残高試算表を作成しなさい。

1．決算整理前残高試算表

残　高　試　算　表

×5年３月31日　（単位：千円）

借方科目	金額	貸方科目	金額
建　物	120,000	建物減価償却累計額	46,800
構　築　物	40,000	構築物減価償却累計額	13,500
土　地	132,000	仮　受　金	8,000
建設仮勘定	74,000		

2．決算整理事項

(1)　建設仮勘定は、下記の支出額を処理したもので、その内訳は次の通りである。

①	土地の購入代金	36,400千円
②	土地の登記料及び手数料	3,600千円
③	建物の工事代金	25,000千円
④	建物の登記料	1,000千円
⑤	敷地の舗装工事代金	8,000千円
		74,000千円

なお、同工事は×５年２月４日に完成引渡を受け、翌日より営業の用に供しているが未処理である。

(2)　仮受金は当期中に受け取った国庫補助金を処理したものである。当該補助金は上記建物の取得に際して交付されたものであるため、建物に対して圧縮記帳を行う（直接減額方式）。

(3)　減価償却

建　物　定額法　耐用年数30年　残存価額10%

構築物　定額法　耐用年数８年　残存価額10%

■解答欄

後Ｔ／Ｂ　（単位：千円）

解答・解説　建設仮勘定・圧縮記帳

後T／B　　（単位：千円）

借方科目	金額	貸方科目	金額
建物	138,000	建物減価償却累計額	50,490
構築物	48,000	構築物減価償却累計額	18,150
土地	172,000	国庫補助金受贈益	8,000
減価償却費	8,340		
固定資産圧縮損	8,000		

1．建設仮勘定の振り替え

借方	金額	貸方	金額
（借）土地	40,000※1	（貸）建設仮勘定	74,000
建物	26,000※2		
構築物	8,000※3		

※1　土地：36,400（土地の購入代金）＋3,600（土地の登記料及び手数料）＝40,000
※2　建物：25,000（建物の工事代金）＋1,000（建物の登記料）＝26,000
※3　構築物：8,000（敷地の舗装工事代金）

2．圧縮記帳

借方	金額	貸方	金額
（借）仮受金	8,000	（貸）国庫補助金受贈益	8,000
（借）固定資産圧縮損	8,000	（貸）建物	8,000

3．減価償却

借方	金額	貸方	金額
（借）減価償却費	3,690※1	（貸）建物減価償却累計額	3,690
（借）減価償却費	4,650※2	（貸）構築物減価償却累計額	4,650

※1　減価償却費（建物）：120,000（前T/B）×90％÷30年
＋｛26,000（当期取得）－8,000（圧縮記帳）｝×90％÷30年×２ヶ月／12ヶ月＝3,690
※2　減価償却費（構築物）：40,000（前T/B）×90％÷８年＋8,000（当期取得）×90％÷８年×２ヶ月／12ヶ月＝4,650

4．決算整理後残高試算表の金額

建物：120,000（前T/B）＋26,000（期中取得分）－8,000（圧縮記帳）＝138,000
構築物：40,000（前T/B）＋8,000（期中取得分）＝48,000
土地：132,000（前T/B）＋40,000（期中取得分）＝172,000
減価償却費：3,690（建物）＋4,650（構築物）＝8,340
建物減価償却累計額：46,800（前T/B）＋3,690（減価償却費）＝50,490
構築物減価償却累計額：13,500（前T/B）＋4,650（減価償却費）＝18,150

4-2 期中取得・売却

重要度A　／□　／□　／□

次の資料に基づいて、決算整理後残高試算表を作成しなさい。

1．決算整理前残高試算表

残　高　試　算　表

×5年３月31日　　(単位：千円)

車　　　　両	120,000	車両減価償却累計額	63,000
備　　　　品	160,000	備品減価償却累計額	68,400

2．決算整理事項

(1)　×４年９月20日に備品の一部を20,000千円（取得原価60,000千円、期首現在の備品減価償却累計額32,400千円）で売却し、現金を受け入れたが未処理である。

(2)　×５年１月31日に車両を38,000千円で購入し、代金は翌期支払いとしたが、一切処理されていない。なお、新車両は×５年２月より営業の用に供している。

(3)　減価償却

車　両　定額法　耐用年数６年　残存価額10%
備　品　定額法　耐用年数10年　残存価額10%

■解答欄

後T／B　(単位：千円)

解答・解説 期中取得・売却

後T／B （単位：千円）

借方		貸方	
現金	20,000	未払金	38,000
車両	158,000	車両減価償却累計額	81,950
備品	100,000	備品減価償却累計額	45,000
減価償却費	30,650		
固定資産売却損	4,900		

1．備品

(1) 売却

（借）	減価償却費	2,700※1	（貸）備品	60,000
	備品減価償却累計額	32,400		
	現金	20,000		
	固定資産売却損	4,900※2		

※1　減価償却費：60,000×90％÷10年×6ヶ月／12ヶ月＝2,700

※2　固定資産売却損：4,900（貸借差額）

(2) 減価償却

（借）	減価償却費	9,000※1	（貸）備品減価償却累計額	9,000

※1　減価償却費：{160,000（前T/B備品）－60,000（売却分）}×90％÷10年＝9,000

2．車両

(1) 購入

（借）	車両	38,000	（貸）未払金	38,000

(2) 減価償却

（借）	減価償却費	18,950※1	（貸）車両減価償却累計額	18,950

※1　減価償却費：120,000（前T/B車両）×90％÷6年＋38,000×90％÷6年×2ヶ月／12ヶ月＝18,950

3．決算整理後残高試算表の金額

車両：120,000（前T/B）＋38,000（期中取得）＝158,000

備品：160,000（前T/B）－60,000（売却分）＝100,000

車両減価償却累計額：63,000（前T/B）＋18,950（期末保有分）＝81,950

備品減価償却累計額：68,400（前T/B）－32,400（売却分）＋9,000（期末保有分）＝45,000

減価償却費：2,700（備品売却分）＋9,000（備品期末保有分）＋18,950（車両）＝30,650

4-3 耐用年数の変更・減価償却方法の変更・総合償却 重要度A ／□ ／□ ／□

次の資料に基づいて、決算整理後残高試算表を作成しなさい。なお、計算結果に端数が生じる場合は四捨五入すること。

1．決算整理前残高試算表

残　高　試　算　表

×5年10月31日　（単位：円）

借方科目	金額	貸方科目	金額
機械装置	20,000,000	車両減価償却累計額	2,700,000
車両	8,000,000	備品減価償却累計額	4,320,000
備品	12,000,000		

2．決算整理事項

(1)　減価償却

機械装置　定額法　各自計算　残存価額０％
車　　両　定額法　耐用年数８年　残存価額10％
備　　品　定率法　償却率年0.319　残存価額10％

※１　機械装置は当期首から事業の用に供したものであり、以下の明細をもとに総合償却を実施する。なお、平均耐用年数の算定に当たっては、小数点以下を四捨五入すること。

種　類	取得原価	計算方法	耐用年数	残存価額
A　機　械	2,000,000円	定額法	５年	ゼロ
B　機　械	6,000,000円	定額法	８年	ゼロ
C　機　械	12,000,000円	定額法	12年	ゼロ

※２　車両について従来は耐用年数８年で償却してきたが、当期首に耐用年数を見直した結果、耐用年数を６年に変更することになった。

※３　備品について従来は定額法で償却してきたが、正当な理由により定率法に変更する。

■解答欄

後T／B　（単位：円）

解答・解説 耐用年数の変更・減価償却方法の変更・総合償却

後T／B　　（単位：円）

借方	金額	貸方	金額
機　械　装　置	20,000,000	機械装置減価償却累計額	2,222,222
車　　　　　両	8,000,000	車両減価償却累計額	4,200,000
備　　　　　品	12,000,000	備品減価償却累計額	6,769,920
減　価　償　却　費	6,172,142		

1．機械装置

(1)　平均耐用年数

①　個別償却額

A機械：2,000,000(取得原価)÷５年＝400,000
B機械：6,000,000(取得原価)÷８年＝750,000
C機械：12,000,000(取得原価)÷12年＝1,000,000
計2,150,000

②　平均耐用年数

20,000,000（要償却額→取得原価の合計額）÷2,150,000（個別償却額の合計額）≒9.3年→９年

③　減価償却費

20,000,000（要償却額→取得原価の合計額）÷９年（平均耐用年数）≒2,222,222

2．車両

(1)　前期までの経過年数

年間の減価償却費：8,000,000（取得原価）×90%÷８年＝900,000

経過年数：2,700,000（前T/B車両減価償却累計額）÷900,000（年間の償却額）＝３年

(2)　減価償却費

{8,000,000（取得原価）×90%－2,700,000（減価償却累計額）}÷{６年（変更後の耐用年数）－３年（経過年数）}＝1,500,000

3．備品

{12,000,000（取得原価）－4,320,000（前T/B備品減価償却累計額）}×0.319＝2,449,920

4．決算整理後残高試算表の計上額

減価償却費：2,222,222（機械装置）＋1,500,000（車両）＋2,449,920（備品）＝6,172,142

車両減価償却累計額：2,700,000（前T/B）＋1,500,000（当期の減価償却費）＝4,200,000

備品減価償却累計額：4,320,000（前T/B）＋2,449,920（当期の減価償却費）＝6,769,920

4-4 修繕・火災

重要度B　／□　／□　／□

次の資料に基づいて、決算整理後残高試算表を作成しなさい。

1．決算整理前残高試算表

残　高　試　算　表

×5年３月31日　(単位：円)

建　物	93,000,000	仮　受　金	12,050,250
建　設　仮　勘　定	13,240,000	建物減価償却累計額	38,857,500
土　地	54,710,000		
修　繕　費	12,237,000		

2．決算整理事項

(1)　修繕費勘定には×４年10月１日に行った建物（取得原価40,000,000円、期首現在の減価償却累計額22,050,000円）の修繕費9,160,000円が含まれており、うち7,000,000円は資本的支出である。同建物は期首現在24.5年経過しており、修繕を行うことによって耐用年数が５年延長される。なお、減価償却費の計算における残存価額は4,700,000円とする。

(2)　×４年12月24日に倉庫（取得原価18,000,000円、期首現在の減価償却累計額9,720,000円）を火災のため焼失した。同倉庫には火災保険が掛けてあり、保険金を保険会社に請求した結果、保険金を受入れ、仮受金勘定で処理している。

(3)　建設仮勘定は、焼失した倉庫を新築するための工事代金を処理したもので、その内訳は次のとおりである。

①	土地の整地費用	2,340,000円
②	簡易水道及び運動場の舗装工事費用	1,300,000円
③	倉庫新築のための工事費用	9,600,000円

※　構築物は、×５年２月12日より使用している。なお、建物は当期末現在未完成である。

(4)　減価償却

建　物	定額法	耐用年数40年	残存価額10％
構築物	定率法	償却率年12％	残存価額10％

■解答欄

後Ｔ／Ｂ　(単位：円)

解答・解説　修繕・火災

後T／B　(単位：円)

借方科目	金額	貸方科目	金額
建物	82,000,000	建物減価償却累計額	30,870,000
構築物	1,300,000	構築物減価償却累計額	26,000
建設仮勘定	9,600,000	保険差益	4,074,000
土地	57,050,000		
修繕費	5,237,000		
減価償却費	2,062,250		

1．修繕

(1) 修正仕訳

① 会社が行った仕訳

(借)	金額	(貸)	金額
修繕費	9,160,000	現金預金	9,160,000

② 正しい仕訳

(借)	金額	(貸)	金額
建物	7,000,000※1	現金預金	9,160,000
修繕費	2,160,000		

※1　資本的支出の金額が問題で与えられている場合、当該金額を用いる。

③ 修正仕訳

(借)	金額	(貸)	金額
建物	7,000,000	修繕費	7,000,000

(2) 減価償却

期中で修繕を行ったことにより、修繕時を境に建物の取得原価が変化する。よって、減価償却費は、修繕前と後で区別して算定する点に留意すること。

(借)	金額	(貸)	金額
減価償却費	945,000※1	建物減価償却累計額	945,000

※1　減価償却費（下記の合計）
期首から修繕時：40,000,000（取得原価）×90%÷40年×6ヶ月/12ヶ月＝450,000
修繕時から期末：19,800,000（要償却額※2）÷20年（修繕後の残存耐用年数※3）×6ヶ月/12ヶ月＝495,000

※2　修繕後の要償却額：{40,000,000（取得原価）＋7,000,000（資本的支出）}×90%
－{22,050,000（期首累計額）＋450,000（期首から修繕時までの減価償却費）}＝19,800,000

※3　修繕後の残存耐用年数：5年＋15年（修繕前の残存耐用年数※4）＝20年

※4　修繕前の残存耐用年数：40年－{24.5年（期首時点の経過年数）＋0.5年（期首から修繕時までの経過年数）}＝15年

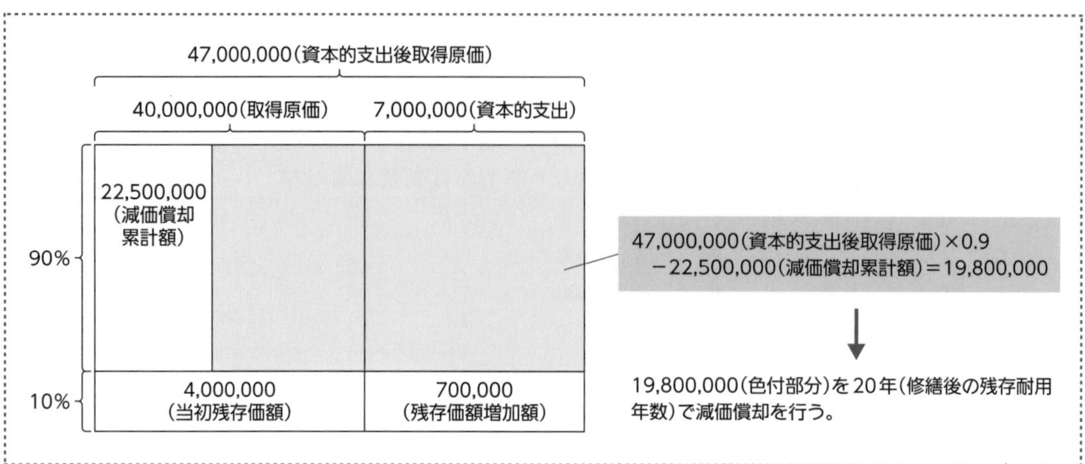

2．火災

① 会社が行った仕訳

(借)	現金預金	12,050,250	(貸)	仮受金	12,050,250

② 正しい仕訳

(借)	減価償却費	303,750※1	(貸)	建物	18,000,000
	減価償却累計額	9,720,000		保険差益	4,074,000※2
	現金預金	12,050,250			

※1 減価償却費：18,000,000（取得原価）×90％÷40年×9ヶ月／12ヶ月＝303,750

※2 保険差益：4,074,000（貸借差額）

③ 修正仕訳

(借)	減価償却費	303,750	(貸)	建物	18,000,000
	減価償却累計額	9,720,000		保険差益	4,074,000
	仮受金	12,050,250			

3．建設仮勘定

(借)	土地	2,340,000	(貸)	建設仮勘定	3,640,000
	構築物	1,300,000			

4．その他の減価償却費

(借)	減価償却費	787,500	(貸)	建物減価償却累計額	787,500※1
(借)	減価償却費	26,000	(貸)	構築物減価償却累計額	26,000※2

※1 建物減価償却累計額：{93,000,000（前T/B建物）－40,000,000（資本的支出の対象の建物）－18,000,000（焼失した建物）}×90％÷40年＝787,500

※2 構築物減価償却累計額：1,300,000（取得原価）×12％×2ヶ月/12ヶ月＝26,000

5．決算整理後残高試算表の計上額

建物：93,000,000（前T/B）＋7,000,000（資本的支出額）－18,000,000（焼失分）＝82,000,000

建設仮勘定：13,240,000（前T/B）－3,640,000（他勘定への振替）＝9,600,000

土地：54,710,000（前T/B）＋2,340,000（整地費用）＝57,050,000

修繕費：12,237,000（前T/B）－7,000,000（資本的支出額）＝5,237,000

減価償却費：945,000（修繕した建物）＋303,750（焼失した建物）＋787,500（その他の建物）＋26,000（構築物）＝2,062,250

建物減価償却累計額：38,857,500（前T/B）－9,720,000（焼失分）＋1,732,500（期末保有分）＝30,870,000

保険差益：4,074,000

4-5 理論問題

重要度B　/ □　/ □　/ □

次の文章について、正しいと思うものには○印を、正しくないと思うものには×印を解答欄に記入しなさい。

(1) 固定資産を購入によって取得した場合は、購入代価に付随費用を加えて取得原価とする。購入に際して値引又は代金の早期支払による割引を受けたときは、これを購入代価より控除した額を取得原価とする。

(2) 固定資産を自家建設した場合、建設に要する借入資本の利子は、費用収益対応の観点から、その全額を取得原価に算入することができる。

(3) 自己所有の固定資産と交換に固定資産を受け入れた場合には、交換により受け入れた固定資産の時価をもって取得原価とする。

(4) 固定資産を贈与された場合には、取得に際して対価の支払いがなされていないので、固定資産の取得原価はゼロとなる。

(5) 減耗性資産に対して減耗償却が適用されることがある。減耗性資産とは、採取されるにつれて漸次減耗し枯渇する天然資源を表す資産であり、その全体としての用役をもって生産に役立つものではなく、採取されるに応じてその実体が部分的に製品化されるものである。

(6) 固定資産のうち残存耐用年数が一年以下となったものも固定資産として表示する。

(7) 定率法は固定資産の耐用期間中、期首未償却残高に一定率を乗じて減価償却費を計上する。よって、この方法によれば初期の年度ほど多額の減価償却費が計上され、未償却残高は減少することから、逓減残高償却法とも呼ばれ、加速償却法の一種であるといえる。

(8) 同種の物品が多数集まって一つの全体を構成し、老朽品の部分的取替を繰り返すことにより全体が維持されるような固定資産については、部分的取替に要する費用を収益的支出として処理することができる。

(9) 中古資産の市場価格変動や新生産技術の発明などにより、当初に見積った耐用年数や残存価額を変更する場合は、過年度の減価償却費を修正したうえで、その後は新しい残存価額や耐用年数に従って償却計算を継続する。

(10) 災害、事故等の偶発的事情によって固定資産の実体が滅失した場合には、その滅失部分の金額だけ当該資産の簿価を切り下げなければならない。

■解答欄

1		2		3		4		5		6	
7		8		9		10					

解答・解説 理論問題

1	×	2	×	3	×	4	×	5	○	6	○
7	○	8	○	9	×	10	○				

(1) 誤り

現金割引は、代金決済上の損益であるため、これを営業外収益として処理する。

(2) 誤り

自家建設に要する借入資本利子のうち取得原価に算入できるのは、稼働前の期間に属するもののみである。

(3) 誤り

自己所有の固定資産と交換に固定資産を受け入れた場合には、交換に供された自己資産の適正な簿価をもって取得原価とする。

(4) 誤り

固定資産を贈与された場合には、時価等を基準として公正に評価した額をもって取得原価とする。

(5) 正しい

(6) 正しい

(7) 正しい

定率法は初期の年度ほど多額の減価償却費が計上されて、未償却残高が急速に減少することから、加速償却法の一種と言われる。

(8) 正しい

(9) 誤り

耐用年数や残存価額のような会計上の見積りの変更について、過年度の償却計算を修正することなく、変更の影響を変更後の減価償却計算に吸収させる。

(10) 正しい

第 5 章

無形固定資産・投資その他の資産・繰延資産

5-1 無形固定資産・繰延資産

重要度B　／ □　／ □　／ □

次の資料に基づいて、当期の財務諸表に計上される各金額を答えなさい。なお、該当する金額がない場合、「－」と解答すること。

1．決算整理前残高試算表

残　高　試　算　表

×4年3月31日　(単位：千円)

仮　払　金	4,500		
株式交付費	1,250		

2．決算整理事項

(1) 仮払金の内訳は次のとおりである。

① 1,500千円：×３年６月に新製品の研究開発のために支出したもの。

② 1,000千円：×３年７月に特許権の出願料として支出したもの。なお、特許権は×４年１月１日から５年間有効である。

③ 2,000千円：×３年７月に新経営組織採用のために特別に支出したもの。

(2) 株式交付費は×２年10月１日に支出したものである。

(3) 繰延資産として資産計上ができる場合には、資産計上し、規定の最長期間に渡って定額法により償却を行う。

■解答欄

＜貸借対照表＞

表示区分	表示科目	金　額
無形固定資産		千円
		千円
繰延資産		千円
		千円

＜損益計算書＞

表示区分	表示科目	金　額
販売費及び一般管理費		千円
		千円
		千円
営業外費用		千円
		千円
		千円

解答・解説 無形固定資産・繰延資産

＜貸借対照表＞

表示区分	表示科目	金　額
無形固定資産	特　　許　　権	950　千円
	―	－　千円
繰延資産	開　　発　　費	1,700　千円
	株　式　交　付　費	750　千円

＜損益計算書＞

表示区分	表示科目	金　額
販売費及び一般管理費	研　究　開　発　費	1,500　千円
	特　許　権　償　却	50　千円
	開　発　費　償　却	300　千円
営業外費用	株式交付費償却	500　千円
	―	－　千円
	―	－　千円

1．仮払金の処理

(借)	研　究　開　発　費	1,500	(貸)	仮　　払　　金	4,500
	特　　許　　権	1,000			
	開　　発　　費	2,000			

2．無形固定資産・繰延資産の償却

(借)	特　許　権　償　却	50※1	(貸)	特　　許　　権	50
(借)	開　発　費　償　却	300※2	(貸)	開　　発　　費	300
(借)	株式交付費償却	500※3	(貸)	株　式　交　付　費	500

※1　特許権償却：1,000（計上額）÷５年×３ヶ月/12ヶ月＝50

※2　開発費償却：2,000（計上額）÷５年×９ヶ月/12ヶ月＝300

※3　株式交付費償却：1,250（前T/B）÷30ヶ月※4×12ヶ月＝500

※4　株式交付費の償却期間は36ヶ月（３年）であるが、前期に６ヶ月分の償却を行っているため、残り30ヶ月で償却する。

3．解答の金額

特許権（無形固定資産）：1,000（計上額）－50（償却）＝950

開発費（繰延資産）：2,000（計上額）－300（償却）＝1,700

株式交付費（繰延資産）：1,250（前T/B）－500（償却）＝750

5-2 理論問題

重要度 B　/ □　/ □　/ □

次の文章について、正しいと思うものには○印を、正しくないと思うものには×印を解答欄に記入しなさい。

(1) 代価の支払が完了し又は支払義務が確定し、これに対応する役務の提供を受けたにもかかわらず、その効果が将来にわたって発現するものと期待される費用は、その効果が及ぶ数期間に配分するため、経過的に貸借対照表上繰延資産として計上しなければならない。

(2) 創立費とは、会社が成立してから営業を開始するときまでの支出であり、繰延資産として資産計上することができる。

(3) 社債発行費を繰延資産として計上した場合、当該社債発行費は利息法又は定額法により償却をしなければならない。

(4) 株式交付費は、原則として、支出時に営業外費用として処理する。

(5) 自己株式の処分に係る費用は、原則として支出時に営業外費用として処理するが、株式交付費の科目で繰延資産として計上することもできる。この場合、自己株式の処分のときから3年以内に定額法により償却する。

(6) 新技術又は新経営組織の採用のために支出した費用で、経常費の性格をもつものは開発費に該当し、繰延資産に計上することができる。

■解答欄

1		2		3		4		5		6	

解答・解説　理論問題

1	×	2	×	3	○	4	○	5	○	6	×

(1)　誤り

　将来の期間に影響する特定の費用について、経過的に貸借対照表上繰延資産として計上するとことができるのであり、計上が強制されているわけではない。

(2)　誤り

　創立費とは、会社を設立するために要する支出である。会社が成立してから営業を開始するまでの支出は開業費である。

(3)　正しい

(4)　正しい

(5)　正しい

(6)　誤り

　繰延資産に計上できる開発費とは、新技術又は新経営組織の採用、資源の開発、市場の開拓等のために支出した費用、生産能率の向上又は生産計画の変更等により、設備の大規模な配置換えを行った場合等の費用をいう。ただし、経常費の性格をもつものは開発費には含まれない。

第 6 章

引当金

問題	ページ	出題論点
6-1	50	賞与引当金
6-2	52	理論問題

6-1 賞与引当金

重要度A　/ □　/ □　/ □

次の資料に基づいて、決算整理後残高試算表を作成しなさい。

1．決算整理前残高試算表

残　高　試　算　表

×5年3月31日　（単位：千円）

現　金　預　金	30,000	賞　与　引　当　金	4,200
給　与　手　当　等	108,000		

2．決算整理事項

(1) 当社の賞与支給期間は以下のとおりである。

賞与支給期間	賞与支給日
6月1日～11月30日	12月15日
12月1日～5月31日	6月15日

(2) 当期の賞与支給額は、6月分6,000千円、12月分7,200千円であり、現金預金により支払を行っているが、すべて未処理である。

(3) ×5年6月15日の賞与支給予想額は8,400千円である。

■解答欄

後T／B　（単位：千円）

解答・解説 賞与引当金

後T／B　(単位：千円)

現金預金	16,800	賞与引当金	5,600
給与手当等	117,000		
賞与引当金繰入額	5,600		

1．未処理事項

(借)	賞与引当金	4,200※1	(貸) 現金預金	6,000
	給与手当等	1,800※1		
(借)	給与手当等	7,200※2	(貸) 現金預金	7,200

※1　×4年6月に支給する賞与の支給期間は×3年12月～×4年5月であり、前期と当期に帰属している。前T/Bの賞与引当金は前期分の費用(前期に費用計上済みの額)を意味するため、6月分の賞与支給時に賞与引当金を取り崩し、残額を当期の費用として給与手当等に計上する。

※2　×4年12月に支給する賞与の支給期間は×4年6月～×4年11月であり、すべて当期に帰属している。よって、支給額の全額を当期の費用として給与手当等に計上する。

2．引当金の設定

(借)	賞与引当金繰入額	5,600※1	(貸) 賞与引当金	5,600

※1　賞与引当金繰入額：8,400（賞与支給予想額）×４ヶ月／６ヶ月＝5,600

3．決算整理後残高試算表の計上額

現金預金：30,000（前T/B）－6,000（６月分賞与支払い）－7,200（12月分賞与支払い）＝16,800

給与手当等：108,000（前T/B）＋1,800（６月分賞与のうち当期帰属分）＋7,200（12月分賞与）＝117,000

賞与引当金：4,200（前T/B）－4,200（当期取崩額）＋5,600（期末設定額）＝5,600（期末設定額）

6-2 理論問題

重要度B　／□　／□　／□

次の文章について、正しいと思うものには○印を、正しくないと思うものには×印を解答欄に記入しなさい。

(1) 引当金とは、将来の特定の費用又は損失であって、その発生が当期以前の事象に起因し、かつ、発生の可能性が高い場合に計上される貸方項目である。

(2) 貸借対照表上、引当金は負債の部に計上され、正常営業循環基準又は一年基準に基づき、長短分類が行われる。

(3) 発生の可能性の低い偶発事象については、引当金を設定することはできない。

(4) 貸借対照表の負債の部に計上される引当金には、債務性がない引当金と、債務性がある引当金がある。修繕引当金は前者に該当し、賞与引当金は後者に該当する。

(5) 有形固定資産の減価償却累計額は、引当金の設定要件に合致するため引当金に該当する。なお、減価償却累計額が資産の控除項目となるのは、評価性引当金であるためである。

■解答欄

1		2		3		4		5	

解答・解説 理論問題

1	×	2	×	3	○	4	○	5	×

(1) 誤り

引当金として計上するための要件には、問題文に記載されているものの他、「金額を合理的に見積もることができる」もあるため誤りである。

(2) 誤り

引当金は評価性引当金と負債性引当金に分類される。負債性引当金は、負債の部に計上されるが、評価性引当金（貸倒引当金）は資産の控除項目とするため、誤りである。

(3) 正しい

(4) 正しい

(5) 誤り

減価償却累計額は、過去の支出（有形固定資産の取得原価）を費用配分した際の貸方項目である。将来の特定の費用ではないため、引当金の要件を満たさない。

第7章

商品売買

7-1 売上総利益の算定

重要度A　/ □　/ □　/ □

次の取引について、売上総利益までの損益計算書を作成しなさい。

(1) 前期末商品棚卸高　78,000円
(2) 当期商品掛仕入高　360,000円
(3) 仕入戻し高　24,000円
(4) 当期商品掛売上高　640,000円
(5) 仕入先よりリベート3,500円を小切手で受入れた。
(6) 売上戻り高　68,000円
(7) 仕入割引　1,000円
(8) 決算
期末商品棚卸高　帳簿棚卸高　66,000円

■解答欄

損益計算書　(単位：円)

Ⅰ売上高		(　　)
Ⅱ売上原価		
1 期首商品棚卸高	(　　)	
2 当期商品仕入高	(　　)	
計	(　　)	
3 期末商品棚卸高	(　　)	(　　)
売上総利益		(　　)

解答・解説 売上総利益の算定

損益計算書　(単位：円)

Ⅰ 売上高		572,000
Ⅱ 売上原価		
1 期首商品棚卸高	78,000	
2 当期商品仕入高	332,500	
計	410,500	
3 期末商品棚卸高	66,000	344,500
売上総利益		227,500

1. 期中仕訳

(2)	(借)	仕入	360,000	(貸)	買掛金	360,000
(3)	(借)	買掛金	24,000	(貸)	仕入	24,000
(4)	(借)	売掛金	640,000	(貸)	売上	640,000
(5)	(借)	現金	3,500	(貸)	仕入	3,500
(6)	(借)	売上	68,000	(貸)	売掛金	68,000
(7)	(借)	買掛金	×××	(貸)	現金預金	×××
					仕入割引	1,000

2. 決算整理仕訳

(1)	(借)	仕入	78,000	(貸)	繰越商品	78,000
(8)	(借)	繰越商品	66,000	(貸)	仕入	66,000

3. 損益計算書計上額

売上高：640,000－68,000（売上戻り）＝572,000

仕入高：360,000－24,000（仕入戻り）－3,500（仕入割戻）＝332,500

※　仕入割引は営業外収益として表示するため、仕入高から控除しない点に留意すること。

7-2 総記法

重要度C　/ □　/ □　/ □

次の資料に基づいて、売上総利益までの損益計算書を作成しなさい。

1．決算整理前残高試算表

残　高　試　算　表

×年×月×日　（単位：千円）

	商　　品	70,000

2．決算整理事項

期末商品帳簿棚卸高：35,000千円

3．その他の資料

(1)　当社は商品売買の会計処理として総記法を採用している。

(2)　商品勘定の前期繰越高は33,000千円である。

(3)　売上総利益率は30%である。

■解答欄

損　益　計　算　書　（単位：千円）

Ⅰ売　上　高		（　　）
Ⅱ売　上　原　価		
1 期首商品棚卸高	（　　）	
2 当期商品仕入高	（　　）	
計	（　　）	
3 期末商品棚卸高	（　　）	（　　）
売　上　総　利　益		（　　）

解答・解説 総記法

損益計算書　（単位：千円）

Ⅰ 売上高		350,000
Ⅱ 売上原価		
1 期首商品棚卸高	33,000	
2 当期商品仕入高	247,000	
計	280,000	
3 期末商品棚卸高	35,000	245,000
売上総利益		105,000

1．勘定分析

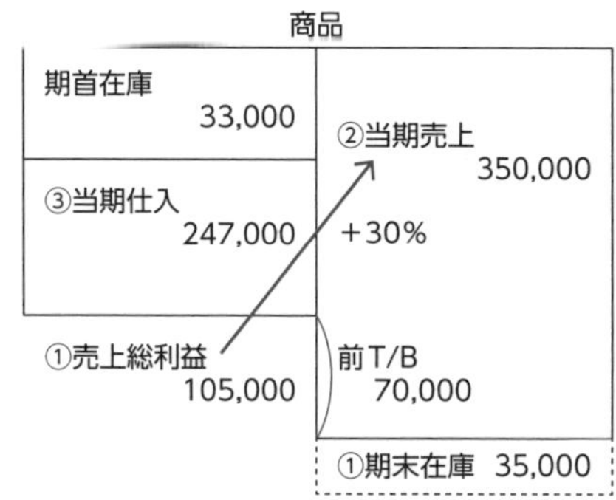

① 売上総利益：70,000（前Ｔ/Ｂ商品）＋35,000（期末帳簿棚卸高）＝105,000

② 当期売上：105,000（売上総利益）÷30％（売上総利益率）＝350,000

③ 当期仕入：350,000（当期売上）－33,000（期首在庫）－70,000（前T/B）＝247,000（貸借差額）

2．決算振替仕訳（参考）

（借）	商品	105,000	（貸）	損益	105,000

第8章

棚卸資産

8-1 商品の評価①

重要度A　／□　／□　／□

次の資料に基づいて、売上総利益までの損益計算書を作成しなさい。また、貸借対照表に計上される商品の金額を答えなさい。

〔資料Ⅰ〕決算整理前残高試算表

残　高　試　算　表

×年×月×日　(単位：千円)

借方科目	金額	貸方科目	金額
繰越商品	44,700	売上	500,000
仕入	349,680	仕入戻し	18,880

〔資料Ⅱ〕決算整理事項

1．当期中の商品売買に関する資料は、次のとおりである。

(1)　前期繰越数量　6,000個

(2)　当期総仕入数量　46,500個

(3)　仕入戻し数量　2,500個

2．期末商品棚卸高

帳簿棚卸高	5,000個	原価	@各自推算
実地棚卸高	4,500個	正味売却価額	@7,404円

※1　棚卸減耗費は販売費及び一般管理費の区分に表示する。

※2　棚卸資産の価格計算は総平均法による。

■解答欄

損　益　計　算　書　(単位：千円)

Ⅰ売上高		(　　)
Ⅱ売上原価		
1 期首商品棚卸高	(　　)	
2 当期商品仕入高	(　　)	
計	(　　)	
3 期末商品棚卸高	(　　)	
4 (　　)	(　　)	(　　)
売上総利益		(　　)

商品	千円

解答・解説　商品の評価①

<u>損　益　計　算　書</u>　　　　（単位：千円）

Ⅰ 売　上　高		500,000
Ⅱ 売　上　原　価		
1 期首商品棚卸高	44,700	
2 当期商品仕入高	330,800	
計	375,500	
3 期末商品棚卸高	37,550	
4 商品評価損	477	338,427
売上総利益		161,573

商　品	33,318　千円

1．平均単価の算定

$$\frac{44{,}700 + 349{,}680 - 18{,}880}{6{,}000\text{個} + 46{,}500\text{個} - 2{,}500\text{個}} = @7.51$$

※　平均単価の計算に際して「当期純仕入高」で計算すること。

2．商品の評価

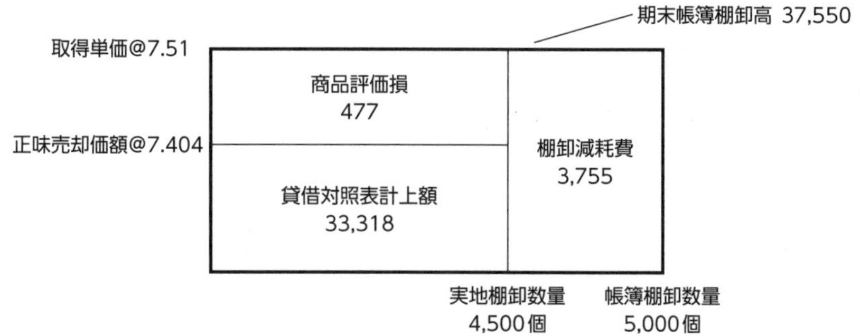

3．表示区分

商品評価損：問題文に特段の指示がない限り、商品評価損は売上原価の内訳に表示する。

棚卸減耗費：問題文の指示に従う。

4．決算整理仕訳（参考）

（借）	仕入戻し	18,880	（貸）	仕入	18,880
（借）	仕入	44,700	（貸）	繰越商品	44,700
（借）	繰越商品	37,550	（貸）	仕入	37,550
（借）	棚卸減耗費	3,755	（貸）	繰越商品	4,232
	商品評価損	477			

第8章 棚卸資産

8-2 商品の評価②

重要度A　／□　／□　／□

次の資料に基づいて、売上総利益までの損益計算書を作成しなさい。また、貸借対照表に計上される商品の金額を答えなさい。

〔資料Ⅰ〕決算整理前残高試算表

残　高　試　算　表

×年３月31日　(単位：千円)

繰越商品	50,000	売上	300,000
仕入	200,000		

〔資料Ⅱ〕決算整理事項

帳簿棚卸高　３月10日購入分　500個　原価　@100千円

３月25日購入分　300個　原価　@103千円

実地棚卸高　780個　売価　@105千円　見積販売直接経費　@９千円

※１　棚卸資産の価格計算は先入先出法による。

※２　棚卸減耗費は売上原価の区分に表示する。

■解答欄

損　益　計　算　書　(単位：千円)

Ⅰ売上高		(　　)
Ⅱ売上原価		
1 期首商品棚卸高	(　　)	
2 当期商品仕入高	(　　)	
計	(　　)	
3 期末商品棚卸高	(　　)	
4 (　　)	(　　)	
5 (　　)	(　　)	(　　)
売上総利益		(　　)

商品	千円

解答・解説　商品の評価②

損益計算書		（単位：千円）
Ⅰ 売上高		300,000
Ⅱ 売上原価		
1 期首商品棚卸高	50,000	
2 当期商品仕入高	200,000	
計	250,000	
3 期末商品棚卸高	80,900	
4 商品評価損	4,020	
5 棚卸減耗費	2,000	175,120
売上総利益		124,880

※　商品評価損と棚卸減耗費の順番は逆でも構わない。
※　棚卸減耗費は棚卸減耗損でも構わない。

商品	74,880　千円

1．商品の評価

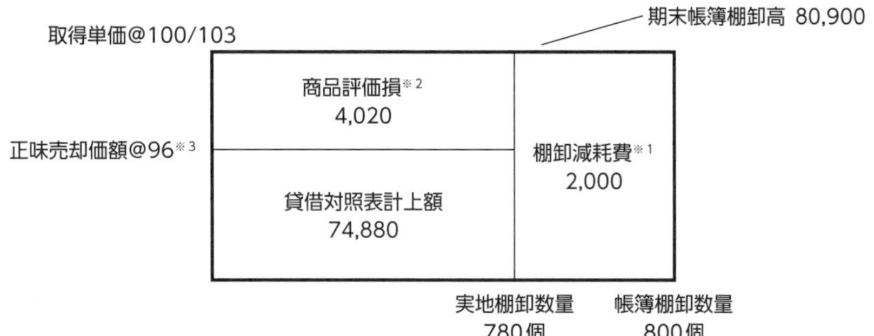

※1　先入先出法であるため、棚卸減耗は先に仕入れたもの（3月10日購入分）から生じたと考える。
棚卸減耗費：20個×@100（3月10日購入分の原価）＝2,000
※2　商品評価損：{80,900（帳簿棚卸高）－2,000（棚卸減耗費）}－780個×@96（正味売却価額※3）＝4,020
※3　正味売却価額：@105（売価）－@9（見積販売直接経費）＝@96

2．決算整理仕訳（参考）

（借）	仕入	50,000	（貸）	繰越商品	50,000
（借）	繰越商品	80,900	（貸）	仕入	80,900
（借）	棚卸減耗費	2,000	（貸）	繰越商品	6,020
	商品評価損	4,020			

8-3 商品の評価③

重要度C　/ □　/ □　/ □

次の資料に基づいて、解答欄に示した各金額を答えなさい。

〔資料〕決算整理事項

	帳簿棚卸高	実地棚卸高	原　　価	正味売却価額
A商品	1,200個	1,200個	@　16千円	@　14千円
B商品	300個	270個	@　30千円	@　31千円
C商品	500個	500個	@　22千円	@　19千円

※1　B商品の棚卸減耗は、通常10個程度発生する。

※2　B商品とC商品は同一グループであり、当社はグループ法を適用する。

※3　棚卸減耗は、売上原価に影響を与えないように処理する。なお、原価性のない金額は特別損失の区分に表示する。

■解答欄

表示科目	金　　額
商品評価損（売上原価）	千円
棚卸減耗費（販売費及び一般管理費）	千円
棚卸減耗損（特別損失）	千円

解答・解説 商品の評価③

表示科目	金　　額
商品評価損（売上原価）	3,630　千円
棚卸減耗費（販売費及び一般管理費）	300　千円
棚卸減耗損（特別損失）	600　千円

1．帳簿棚卸高

A商品：1,200個×@16＝19,200

B商品：300個×@30＝9,000

C商品：500個×@22＝11,000

2．棚卸減耗（B商品）

問題文の「B商品の棚卸減耗は、通常10個程度発生する」は、棚卸減耗のうち10個までが原価性が有り、超過したものは原価性が無いことを意味している。また、「棚卸減耗は、売上原価に影響を与えないように処理する」は、「原価性の有る棚卸減耗費は、売上原価の内訳ではなく販売費及び一般管理費の区分に計上する」を意味している。

原価性有り：10個×@30＝300（販売費及び一般管理費）

原価性無し：20個×@30＝600（特別損失）

3．商品評価損

(1)　A商品

19,200（帳簿棚卸高）－1,200個×@14＝2,400

(2)　B商品及びC商品

19,100（原価合計※1）－17,870（正味売却価額※2）＝1,230

※1　原価合計：270個（B商品）×@30＋500個（C商品）×@22＝19,100

※2　正味売却価額：270個（B商品）×@31＋500個（C商品）×@19＝17,870

(3)　解答の金額

2,400（A商品）＋1,230（B商品及びC商品）＝3,630

8-4 売価還元法

重要度B　／□　／□　／□

当社は取扱商品数が多いため、期末商品棚卸高の算定に当たって、売価還元法を採用している。そこで、次の資料に基づき、各問に答えなさい。

〔資料Ⅰ〕決算整理前残高試算表

残高試算表

×年×月×日　(単位：千円)

借方科目	金額	貸方科目	金額
繰越商品	51,900	売上	459,800
仕入	347,700		

〔資料Ⅱ〕その他必要な事項

1．期首商品棚卸高（売価）　69,800千円
2．当期商品純仕入高原始値入額　109,600千円
3．期中値下額　13,600千円
4．期中値上額　23,800千円
5．期中値下取消額　6,400千円
6．期中値上取消額　10,900千円
7．期末商品実地棚卸高（売価）　71,000千円
8．棚卸減耗費及び商品評価損は売上原価の内訳科目として処理する。

問1　売価還元平均原価法を採用した場合の下記の財務諸表計上額を答えなさい。なお、正味売却価額は65,000千円である。

問2　売価還元低価法を採用した場合の下記の財務諸表計上額を答えなさい（商品評価損を認識する）。

問3　売価還元低価法を採用した場合の下記の財務諸表計上額を答えなさい（商品評価損は認識しない）。

> 損益計算書：売上総利益、商品評価損、棚卸減耗費
> 貸借対照表：商品

■解答欄

	問1	問2	問3
売上総利益	千円	千円	千円
商品評価損	千円	千円	千円
棚卸減耗費	千円	千円	千円
商品	千円	千円	千円

解答・解説　売価還元法

	問1	問2	問3
売上総利益	113,450千円	112,740千円	112,740千円
商品評価損	―　千円	710千円	―　千円
棚卸減耗費	1,500千円	1,500千円	1,480千円
商　　品	53,250千円	52,540千円	52,540千円

〔原価率の算定〕

1．売価還元平均原価法による原価率

$$\frac{51{,}900\text{（期首原価）}+347{,}700\text{（当期仕入原価）}}{69{,}800\text{（期首売価）}+347{,}700\text{（当期仕入原価）}+109{,}600\text{（原始値入額）}+23{,}800\text{（値上）}-10{,}900\text{（値上取消）}-13{,}600\text{（値下）}+6{,}400\text{（値下取消）}}=75\%$$

2．売価還元低価法による原価率

$$\frac{51{,}900\text{（期首原価）}+347{,}700\text{（当期仕入原価）}}{69{,}800\text{（期首売価）}+347{,}700\text{（当期仕入原価）}+109{,}600\text{（原始値入額）}+23{,}800\text{（値上）}-10{,}900\text{（値上取消）}}=74\%$$

問1　売価還元平均原価法

1．分析図

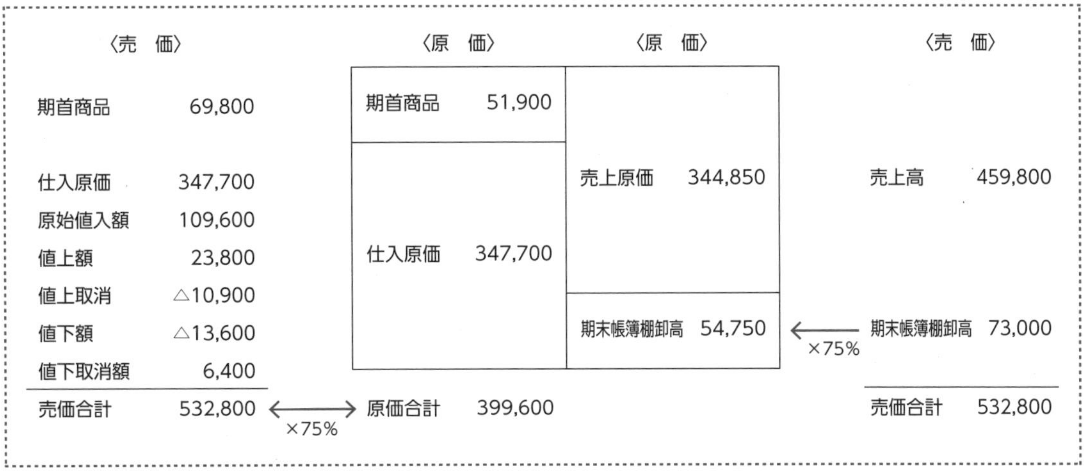

〈売　価〉

期首商品	69,800
仕入原価	347,700
原始値入額	109,600
値上額	23,800
値上取消	△10,900
値下額	△13,600
値下取消額	6,400
売価合計	532,800

売価合計 532,800 ←→（×75%）原価合計 399,600

〈原　価〉

借方		貸方	
期首商品	51,900	売上原価	344,850
仕入原価	347,700	期末帳簿棚卸高	54,750
原価合計	399,600		

〈売　価〉

売上高	459,800
期末帳簿棚卸高	73,000
売価合計	532,800

期末帳簿棚卸高（原価）54,750 ←（×75%）期末帳簿棚卸高（売価）73,000

第8章　棚卸資産

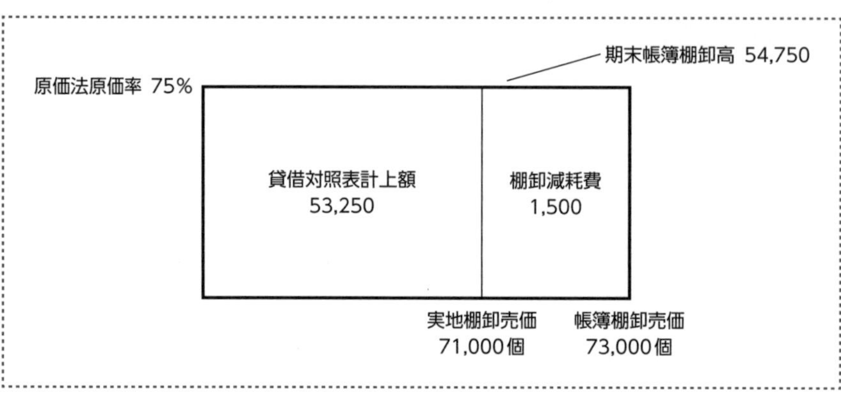

2．解答の金額

(1) 損益計算書項目

損　益　計　算　書　　　　(単位：千円)

Ⅰ 売　上　高		459,800
Ⅱ 売　上　原　価		
1 期首商品棚卸高	51,900	
2 当期商品仕入高	347,700	
計	399,600	
3 期末商品棚卸高	54,750	
差　引	344,850	
4 棚　卸　減　耗　費	1,500 ※1	346,350 ※2
売　上　総　利　益		113,450 ※3

※1　棚卸減耗費：{73,000（帳簿棚卸売価）－71,000（実地棚卸売価）}×0.75（原価法原価率）＝1,500

※2　売上原価：51,900（期首商品棚卸高）＋347,700（仕入高）－54,750（期末商品棚卸高）＋1,500（棚卸減耗費※1）＝346,350

※3　売上総利益：459,800（売上高）－346,350（売上原価※2）＝113,450

(2) 貸借対照表項目

商品：71,000（実地棚卸売価）×0.75（原価法原価率）＝53,250

※　53,250（実地棚卸高）＜65,000（正味売却価額）であるため、商品評価損は認識しない。

3．決算整理仕訳

(借)	仕　入	51,900	(貸)	繰　越　商　品	51,900
(借)	繰　越　商　品	54,750※1	(貸)	仕　入	54,750
(借)	棚卸減耗費（売上原価）	1,500※2	(貸)	繰　越　商　品	1,500

※1　期末帳簿棚卸高：73,000（帳簿棚卸売価）×0.75（原価法原価率）＝54,750

※2　棚卸減耗費：{73,000（帳簿棚卸売価）－71,000（実地棚卸売価）}×0.75（原価法原価率）＝1,500

問2 売価還元低価法（商品評価損を認識する）

1．分析図

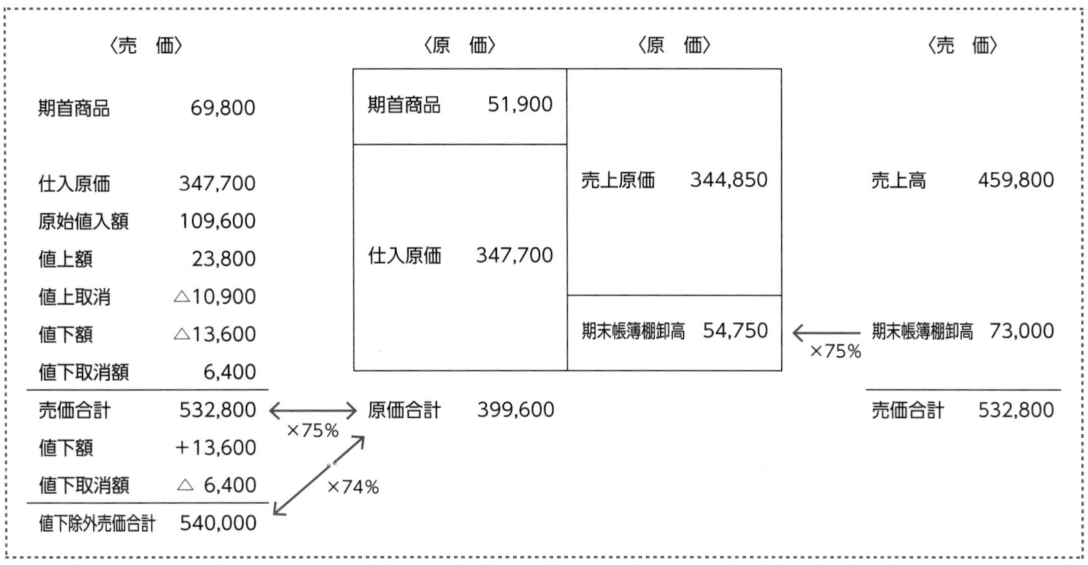

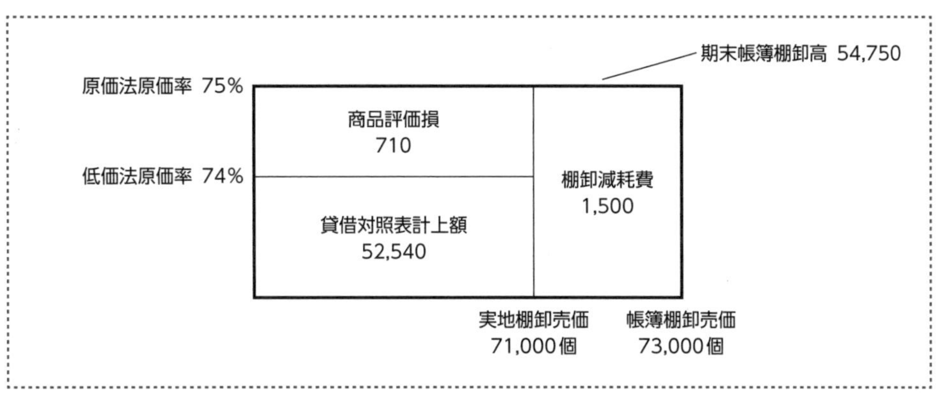

2．解答の金額

⑴　損益計算書項目

損　益　計　算　書　　　　（単位：千円）

Ⅰ 売　上　高		459,800
Ⅱ 売　上　原　価		
1 期首商品棚卸高	51,900	
2 当期商品仕入高	347,700	
計	399,600	
3 期末商品棚卸高	54,750	
差　引	344,850	
4 棚　卸　減　耗　費	1,500 ※1	
5 商　品　評　価　損	710 ※2	347,060 ※3
売　上　総　利　益		112,740 ※4

※1　棚卸減耗費：{73,000（帳簿棚卸売価）－71,000（実地棚卸売価）}×0.75（原価法原価率）＝1,500

※2　商品評価損：71,000（実地棚卸売価）×{0.75（原価法原価率）－0.74（低価法原価率）}＝710

※3　売上原価：51,900（期首商品棚卸高）＋347,700（仕入）－54,750（期末帳簿棚卸高）
＋1,500（棚卸減耗費※1）＋710（商品評価損※2）＝347,060

※4　売上総利益：459,800（売上高）－347,060（売上原価※3）＝112,740

⑵　貸借対照表項目

商品：71,000（実地棚卸売価）×0.74（低価法原価率）＝52,540

3．決算整理仕訳

（借）仕　入	51,900	（貸）繰越商品	51,900
（借）繰越商品	54,750※1	（貸）仕　入	54,750
（借）棚卸減耗費	1,500※2	（貸）繰越商品	2,210
商品評価損	710※3		

※1　期末帳簿棚卸高：73,000（帳簿棚卸売価）×0.75（原価法原価率）＝54,750

※2　棚卸減耗費：{73,000（帳簿棚卸売価）－71,000（実地棚卸売価）}×0.75（原価法原価率）＝1,500

※3　商品評価損：71,000（実地棚卸売価）×{0.75（原価法原価率）－0.74（低価法原価率）}＝710

問3 売価還元低価法（商品評価損を認識しない）

1．分析図

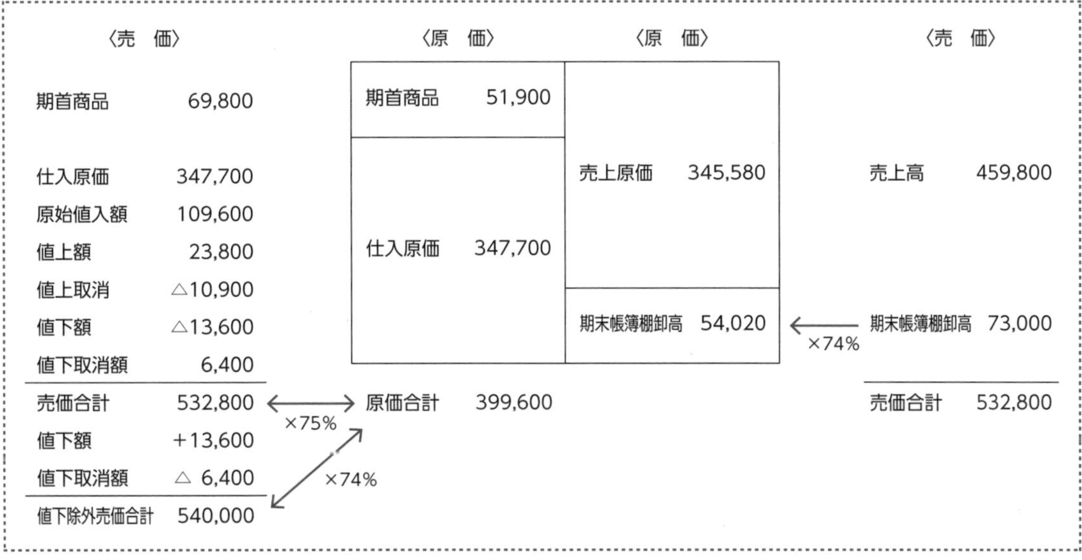

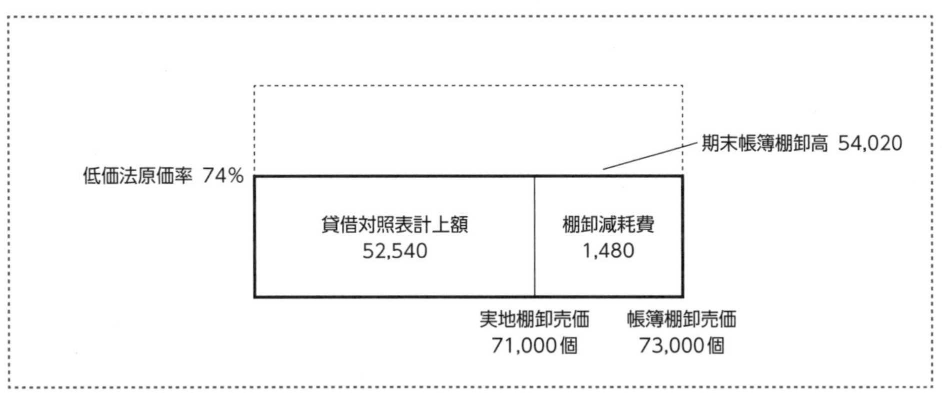

2．解答の金額

(1) 損益計算書項目

損益計算書			(単位：千円)
Ⅰ 売上高			459,800
Ⅱ 売上原価			
1 期首商品棚卸高	51,900		
2 当期商品仕入高	347,700		
計	399,600		
3 期末商品棚卸高	54,020		
差引	345,580		
5 棚卸減耗費	1,480 ※1		347,060 ※3
売上総利益			112,740 ※4

※1 棚卸減耗費：{73,000（帳簿棚卸売価）－71,000（実地棚卸売価）}×0.74（原価法原価率）＝1,480

※2 売上原価：51,900（期首商品棚卸高）＋347,700（仕入）－54,020（期末帳簿棚卸高）＋1,480（棚卸減耗費※1）＝347,060

※3 売上総利益：459,800（売上高）－347,060（売上原価※2）＝112,740

(2) 貸借対照表項目

商品：71,000（実地棚卸売価）×0.74（低価法原価率）＝52,540

3．決算整理仕訳

(借)	仕入	51,900	(貸)	繰越商品	51,900
(借)	繰越商品	54,020※1	(貸)	仕入	54,020
(借)	棚卸減耗費	1,480※2	(貸)	繰越商品	1,480

※1 期末帳簿棚卸高：73,000（帳簿棚卸売価）×0.74（低価法原価率）＝54,020

※2 棚卸減耗費：{73,000（帳簿棚卸売価）－71,000（実地棚卸売価）}×0.74（低価法原価率）＝1,480

8-5 理論問題①

重要度B　／□　／□　／□

次の文章は「棚卸資産の評価に関する会計基準」の一節である。次の各文章の（　　）の中に入る適切な語句を記入しなさい。

(1) 通常の販売目的で保有する棚卸資産は、（　1　）をもって貸借対照表価額とし、期末における（　2　）が（　1　）よりも下落している場合には、当該（　2　）をもって貸借対照表価額とする。

(2) 通常の販売目的で保有する棚卸資産について、収益性の低下による簿価切下額は（　3　）とするが、棚卸資産の製造に関連し、不可避的に発生すると認められるときには（　4　）として処理する。また、収益性の低下に基づく簿価切下額が、臨時の事象に起因し、かつ、多額であるときには、（　5　）に計上する。

■解答欄

1		2		3	
4		5			

解答・解説 理論問題①

1	取得原価	2	正味売却価額	3	売上原価
4	製造原価	5	特別損失		

(1) 通常の販売目的で保有する棚卸資産は、(1)取得原価をもって貸借対照表価額とし、期末における(2)正味売却価額が(1)取得原価よりも下落している場合には、当該(2)正味売却価額をもって貸借対照表価額とする。

(2) 通常の販売目的で保有する棚卸資産について、収益性の低下による簿価切下額は(3)売上原価とするが、棚卸資産の製造に関連し、不可避的に発生すると認められるときには(4)製造原価として処理する。また、収益性の低下に基づく簿価切下額が、臨時の事象に起因し、かつ、多額であるときには、(5)特別損失に計上する。

8-6 理論問題②

重要度 B　／ □　／ □　／ □

次の文章について、正しいと思うものには○印を、正しくないと思うものには×印を解答欄に記入しなさい。

(1) 商品の棚卸減耗費で、原価性のないものは営業外費用又は特別損失の区分に表示される。

(2) 正味売却価額とは、売価から見積追加製造原価及び見積販売直接経費を控除したものをいう。

(3) 前期に計上した簿価切下額（商品評価損）の処理としては、切放し法のみが認められており、洗替え法は認められてない。

(4) トレーディング目的で保有する棚卸資産は、時価をもって貸借対照表価額とする。

(5) 棚卸資産のうち、恒常在庫品として保有するもの、もしくは、余剰品として長期間にわたって所有するものは、固定資産の区分に表示する。

(6) 不動産売買業者が保有する不動産（土地、建物等）はすべて棚卸資産となる。

■ 解答欄

1		2		3		4		5		6	

解答・解説 理論問題②

1	○	2	○	3	×	4	○	5	×	6	×

⑴ 正しい

⑵ 正しい

⑶ 誤り

前期に計上した簿価切下額の戻入れに関しては、当期に戻入れを行う方法（洗替え法）と行わない方法（切放し法）のいずれかの方法を棚卸資産の種類ごとに選択適用できる。

⑷ 正しい

⑸ 誤り

棚卸資産のうち、恒常在庫品として保有するもの、もしくは、余剰品として長期間にわたって所有するものであっても、正常営業循環基準により、流動資産の区分に表示する。

⑹ 誤り

販売目的で保有する資産が棚卸資産となる。よって、不動産会社が自己の営業に供するために保有する土地、建物（販売目的ではない土地、建物）は固定資産となる。

第 9 章

経過勘定

問題	ページ	出題論点
9-1	80	経過勘定

9-1 経過勘定

重要度A　/ □　/ □　/ □

次の資料に基づいて、⑴損益計算書に計上される収益・費用の金額、⑵貸借対照表に計上される経過勘定の科目名及び金額を答えなさい。なお、期間按分は月割計算によること。

〔資料Ⅰ〕決算整理前残高試算表

残　高　試　算　表

×5年３月31日　（単位：千円）

借方科目	金額	貸方科目	金額
保　険　料	720,000	受　取　家　賃	147,000
支　払　利　息	576,000		

〔資料Ⅱ〕決算整理事項

1. 保険料は、X5年１月１日に３年分の保険料を前払いしたものである。
2. 支払利息は、前期以前に借り入れた長期借入金？千円に関するものである。なお、借入条件は、利率：年？%、利払日：毎年２月１日、８月１日（前払い）であり、当期末現在、返済期日は到来していない。
3. 受取家賃は、X5年３月１日に２年分を前受けしたものである。

■解答欄

⑴　損益計算書

科目名	金額
保　険　料	千円
支　払　利　息	千円
受　取　家　賃	千円

⑵　貸借対照表

科目名	金額
(　　　　)	千円
(　　　　)	千円
(　　　　)	千円

解答・解説 経過勘定

(1) 損益計算書

科目名	金額
保　険　料	60,000千円
支　払　利　息	432,000千円
受　取　家　賃	6,125千円

(2) 貸借対照表

科目名	金額
(　前　払　費　用　)	384,000千円
(　長　期　前　払　費　用　)	420,000千円
(　前　受　収　益　)	140,875千円

1．保険料の決算整理仕訳

(借)	前払保険料	240,000※2	(貸) 保険料	660,000※1
	長期前払保険料	420,000※3		

※1　保険料：720,000（前T/B）×33ヶ月（X5.4～X7.12）/36ヶ月＝660,000
※2　前払保険料：720,000（前T/B）×12ヶ月（X5.4～X6.3）/36ヶ月＝240,000
※3　長期前払保険料：720,000（前T/B）×21ヶ月（X6.4～X7.12）/36ヶ月＝420,000

2．支払利息

(1) 推定

借入額及び金利が不明なため、経過勘定として計上すべき金額を推定する必要がある。具体的には、月数ベースで当期の仕訳を書き推定を行う。

① 期首の再振替仕訳

(借)	支払利息	4ヶ月	(貸) 前払利息	4ヶ月※1

※1　前払利息：X4年2月1日に支払った6ヶ月分の内、X4年4月～X4年7月の4ヶ月分

② 期中仕訳（8月と2月の利払日）

(借)	支払利息	6ヶ月	(貸) 現金預金	6ヶ月
(借)	支払利息	6ヶ月	(貸) 現金預金	6ヶ月

上記の仕訳を集計すると、前T/Bの支払利息は16ヶ月分ということが判明する。よって、1ヶ月当たりの支払利息の金額は36,000（＝前T/B576,000÷16ヶ月）と推定できる。

(2) 決算整理仕訳

(借)	前払利息	144,000※1	(貸) 支払利息	144,000

※1　前払利息：36,000（1ヶ月当たりの支払利息）×4ヶ月（X5.4～X5.7）＝144,000

3．受取家賃の決算整理仕訳

前払費用以外の経過勘定は、一年基準による長短分類は行わない（全額、流動項目とする）点に留意すること。

(借) 受取家賃	140,875	(貸) 前受家賃	140,875※1

※1　前受家賃：147,000（前T/B）×23ヶ月（X5.4～X7.2）/24ヶ月＝140,875

4．解答の金額

(1)　損益計算書

保険料：720,000（前T/B）－660,000（決算整理）＝60,000

支払利息：576,000（前T/B）－144,000（決算整理）＝432,000

受取家賃：147,000（前T/B）－140,875（決算整理）＝6,125

(2)　貸借対照表

前払費用：240,000（前払保険料）＋144,000（前払利息）＝384,000

長期前払費用：420,000（長期前払保険料）

前受収益：140,875（前受家賃）

第10章

有価証券

10-1 有価証券①

重要度A　／□　／□　／□

次の資料に基づいて、当期の貸借対照表及び損益計算書を作成しなさい。

1．決算整理前残高試算表（×４年３月31日）

残高試算表　（単位：千円）

有価証券	133,000	有価証券利息	1,000
投資有価証券	291,000		

2．決算整理事項

有価証券の内訳は、次のとおりである。　（単位：千円）

銘柄	取得価額	前期末時価	当期末時価	保有区分	備考
A社株式	50,000	48,000	48,600	売買目的	（※１）
B社株式	80,000	85,000	84,000	売買目的	（※１）
C社社債	96,000	—	97,000	満期保有	（※２）
D社株式	100,000	82,000	80,000	その他	（※３）
E社株式	95,000	100,000	98,000	その他	（※３）

※１　売買目的有価証券に伴う評価損益は、切放し法で処理している。

※２　C社社債は、×３年７月１日に１口@100円につき@96円で取得し、利率年２％、利払日年２回（６月末、12月末）、償還日×７年６月30日である。なお、取得価額と債券金額との差額は、金利の調整と認められるため、定額法による償却原価法を適用する。

※３　その他有価証券の評価差額は全部純資産直入法を適用し、税効果は便宜上無視する。

■解答欄

貸借対照表　（単位：千円）

損益計算書　（単位：千円）

解答・解説 有価証券①

貸借対照表			(単位：千円)
有価証券	132,600	その他有価証券評価差額金	△17,000
未収収益	500		
投資有価証券	274,750		

損益計算書			(単位：千円)
有価証券評価損	400	有価証券利息	2,250

1．売買目的有価証券

⑴ 決算整理仕訳

切放し法で処理する旨の指示があるため、期末評価は前期末時価と当期末時価を比較する点に留意すること。

(借) 有価証券評価損益	400※1	(貸) 有価証券	400

※1 有価証券評価損益：132,600（時価合計※2）－133,000（簿価合計※3）＝△400（損）
※2 時価合計：48,600（A社株式）＋84,000（B社株式）＝132,600
※3 簿価合計：48,000（A社株式）＋85,000（B社株式）＝133,000

⑵ 財務諸表計上額

有価証券：132,600（時価合計）

有価証券評価損：400

2．満期保有目的の債券

⑴ 決算整理仕訳

(借) 投資有価証券	750※1	(貸) 有価証券利息	750
(借) 未収有価証券利息	500※2	(貸) 有価証券利息	500

※1 投資有価証券（償却額）：{100,000（額面金額）－96,000（取得原価）}÷４年×９ヶ月／12ヶ月＝750
※2 未収有価証券利息：100,000（額面金額）×２％×３ヶ月／12ヶ月＝500

⑵ 財務諸表計上額

投資有価証券：96,000（取得原価）＋750（償却額）＝96,750

未収収益：500

有価証券利息：1,000（前T/B）＋750（償却額）＋500（未収）＝2,250

3．その他有価証券

⑴ 決算整理仕訳

(借) その他有価証券評価差額金	17,000※1	(貸) 投資有価証券	17,000

※1 その他有価証券評価差額金：178,000（時価合計※2）－195,000（簿価合計※3）＝△17,000（損）
※2 時価合計：98,000（E社株式）＋80,000（D社株式）＝178,000
※3 簿価合計：95,000（E社株式）＋100,000（D社株式）＝195,000

⑵ 財務諸表計上額

投資有価証券：178,000（時価合計）

その他有価証券評価差額金：△17,000

4．財務諸表計上額

投資有価証券：96,750（満期保有目的債券）＋178,000（その他有価証券）＝274,750

10-2 有価証券②

重要度A　／□　／□　／□

次の資料に基づいて、決算整理後残高試算表を作成しなさい。

1．決算整理前残高試算表

残　高　試　算　表

×5年3月31日　（単位：千円）

投　資　有　価　証　券	440,000	有　価　証　券　利　息	6,000
		投資有価証券評価損益	2,200

2．決算整理事項

投資有価証券の内訳は、次のとおりである。　（単位：千円）

銘　　柄	取 得 価 額	当期末時価	保 有 区 分	備　　考
A 社 社 債	190,000	192,800	そ　の　他	（※1）
B 社 株 式	120,000	52,000	そ　の　他	（※2）
C 社 株 式	130,000	126,000	そ　の　他	

※1　A社社債は、額面総額200,000千円について、×4年4月1日に1口@100円につき@95円で取得し、利率年3％、利払日年2回（3月末、9月末）、償還日×9年3月31日である。なお、取得価額と債券金額との差額は、金利の調整と認められるため、定額法による償却原価法を適用する。

※2　B社株式の時価は回復する見込みはない。

※3　その他有価証券の評価差額については部分純資産直入法を適用し、税効果は便宜上無視する。

■解答欄

後T／B　（単位：千円）

解答・解説 有価証券②

後T／B （単位：千円）

投資有価証券	370,800	その他有価証券評価差額金	800
投資有価証券評価損益	1,800	有価証券利息	8,000
投資有価証券評価損	68,000		

1．A社社債

その他有価証券として保有する債券は、償却原価法を適用してから時価評価をする点に留意すること。

(借) 投資有価証券	2,000	(貸) 有価証券利息	2,000※1
(借) 投資有価証券	800	(貸) その他有価証券評価差額金	800※2

※1　有価証券利息（償却額）：{200,000（額面金額）－190,000（取得原価）}÷5年＝2,000

※2　その他有価証券評価差額金：192,800（時価）－{190,000（取得原価）＋2,000（償却額）}＝800（益）

2．B社株式

当期末時価が取得価額の50％以上の下落になっており、時価の回復の見込みがないため、減損処理を行う。

(借) 投資有価証券評価損	68,000※1	(貸) 投資有価証券	68,000

※1　投資有価証券評価損：120,000（取得原価）－52,000（時価）＝68,000

3．C社株式

部分純資産直入法であるため、評価損を計上する点に留意すること。

(借) 投資有価証券評価損益	4,000※1	(貸) 投資有価証券	4,000

※1　投資有価証券評価損益：130,000（取得原価）－126,000（時価）＝4,000

4．決算整理後残高試算表の計上額

投資有価証券：192,800（A社社債時価）＋52,000（B社株式時価）＋126,000（C社株式時価）
＝370,800

その他有価証券評価差額金：800（A社社債）

投資有価証券評価損益：2,200（前T／B）－4,000（期末C社株式評価損）＝△1,800（評価損）

投資有価証券評価損：68,000（B社株式減損損失）

有価証券利息：6,000（前T/B）＋2,000（償却額）＝8,000

10-3 有価証券③

重要度A　／□　／□　／□

次の資料に基づいて、決算整理後残高試算表を作成しなさい。なお、計算に際して端数が生じる場合、千円未満を四捨五入すること。

1．決算整理前残高試算表

残　高　試　算　表

×5年3月31日　　(単位：千円)

投　資　有　価　証　券	251,000	

2．決算整理事項

投資有価証券勘定の内訳は、次のとおりである。

銘　　柄	取得価額	前期末時価	当期末時価	保有区分	備　　考
A社株式	70,000千円	72,000千円	75,000千円	そ の 他	
B社株式	95,000千円	40,000千円	48,000千円	そ の 他	(※2)
C社社債	141,000千円	—	142,000千円	満期保有	(※3)

※1　その他有価証券の評価差額は全部純資産直入法を適用し、便宜上税効果は無視する。

※2　B社株式は前期末時点で減損処理を適用している。

※3　×4年12月1日にC社社債を社債額面150,000千円を141,000千円で取得している。なお、当該社債は、利率年3％（実効利子率年4.35％）、利払日年2回（5月末、11月末）、償還期限×9年11月30日であり、取得原価と額面金額との差額は、金利の調整と認められるため、利息法による償却原価法を適用する。

■解答欄

後T／B　　(単位：千円)

解答・解説 有価証券③

後T／B (単位：千円)

未収有価証券利息	1,500	その他有価証券評価差額金	13,000
投資有価証券	264,545	有価証券利息	2,045

1．その他有価証券

B社株式は前期に減損処理を適用しているため、減損処理後の簿価に基づいて時価評価を行う点に留意すること。

(借) 投資有価証券	13,000※1	(貸) その他有価証券評価差額金	13,000

※1 投資有価証券：123,000（時価合計※2）－110,000（簿価合計※3）＝13,000（益）
※2 時価合計：75,000（A社株式）＋48,000（B社株式）＝123,000
※3 簿価合計：70,000（A社株式）＋40,000（B社株式）＝110,000

2．満期保有目的の債券

(借) 未収有価証券利息	1,500※2	(貸) 有価証券利息	2,045※1
投資有価証券	545※3		

※1 有価証券利息：141,000×4.35％（実効利子率）×4ヶ月／12ヶ月≒2,045
※2 未収有価証券利息：150,000×3％（クーポン利率）×4ヶ月／12ヶ月＝1,500
※3 償却額：545（貸借差額）

3．決算整理後残高試算表の計上額

投資有価証券：75,000（A社株式時価）＋48,000（B社株式時価）＋141,000（C社社債取得原価）＋545（C社社債償却額）＝264,545

10-4 有価証券④

重要度C　／□　／□　／□

次の資料に基づいて、決算整理後残高試算表を作成しなさい。

1．決算整理前残高試算表

残高試算表

×5年3月31日　（単位：千円）

有価証券	40,000	有価証券利息	6,000
投資有価証券	407,400	有価証券運用損益	1,500

2．決算整理事項

(1) ×5年3月30日に、売買目的有価証券として保有する目的で、B社株式50,000千円の売買契約を締結し、代金の支払い及び株券の受渡しは、×6年4月2日の予定であるが未処理である。なお、B社株式の当期末の時価は49,200千円である。

(2) 当期末に保有している有価証券の内訳は、次のとおりである。なお、その他有価証券の評価差額は全部純資産直入法を適用し、便宜上税効果は無視する。

銘柄	帳簿価額	当期末時価	保有目的	備考
A社株式	40,000千円	42,000千円	売買目的	（※1）
C社株式	125,000千円	120,000千円	その他	
D社株式	92,000千円	90,300千円	その他	（※2）
E社社債	190,400千円	193,000千円	その他	（※3）

※1　A社株式は当期中に保有目的をその他有価証券に変更したが未処理である。なお、保有目的変更時の時価は40,200千円である。

※2　当社は前期にD社株式を20,000千円で取得しその他有価証券としたが、当期に追加で72,000千円分取得し、D社は当社の子会社となった。なお、保有目的の変更の処理が未処理となっている。また、追加取得時における当初保有していたD社株式の時価は15,000千円である。

※3　E社社債は、前期首に取得したものであり、償還期間5年、利率年3％、利払日3月末日である。なお、取得原価と債券金額200,000千円との差額は、金利の調整であると認められるため、定額法による償却原価法を採用している。

■解答欄

後T／B　（単位：千円）

解答・解説 有価証券④

後T／B （単位：千円）

借方科目	金額	貸方科目	金額
有価証券	49,200	未払金	50,000
投資有価証券	355,000	有価証券利息	8,400
子会社株式	92,000	有価証券運用損益	900
その他有価証券評価差額金	3,000		

1．A社株式

（借）	投資有価証券	40,200※1	（貸）	有価証券	40,000
				有価証券運用損益	200
（借）	投資有価証券	1,800※2	（貸）	その他有価証券評価差額金	1,800

※1　売買目的有価証券からその他有価証券へ変更した場合、時価で振り替える。
※2　投資有価証券；42,000（時価）－40,200（簿価）＝1,800（益）

2．B社株式

（借）	有価証券	50,000※1	（貸）	未払金	50,000
（借）	有価証券運用損益	800※2	（貸）	有価証券	800

※1　有価証券は原則、約定日基準により認識する。
※2　有価証券運用損益：49,200（時価）－50,000（簿価）＝△800（損）

3．C社株式

（借）	その他有価証券評価差額金	5,000※1	（貸）	投資有価証券	5,000

※1　その他有価証券評価差額金：120,000（時価）－125,000（簿価）＝△5,000（損）

4．D社株式

（借）	子会社株式	92,000※1	（貸）	投資有価証券	92,000

※1　その他有価証券から子会社株式へ変更した場合、簿価で振り替える。

5．E社社債

（借）	投資有価証券	2,400	（貸）	有価証券利息	2,400※1
（借）	投資有価証券	200	（貸）	その他有価証券評価差額金	200※2

※1　有価証券利息（償却額）：{200,000（額面金額）－190,400（簿価）}÷4年（残存期間）＝2,400
※2　その他有価証券評価差額金：193,000（時価）－{190,400（簿価）＋2,400（償却額）}＝200（益）

6．決算整理後残高試算表の計上額

有価証券：49,200（B社株式時価）

投資有価証券：42,000（A社株式時価）＋120,000（C社株式時価）＋193,000（E社社債時価）
＝355,000

その他有価証券評価差額金:1,800（A社株式）－5,000（B社株式）＋200（E社社債）＝△3,000（損）

有価証券利息：6,000（前T/B）＋2,400（償却額）＝8,400

有価証券運用損益：1,500（前T/B）＋200（A社株式）－800（B社株式）＝900（益）

10-5 有価証券⑤

重要度A　／□　／□　／□

次の資料に基づいて、決算整理後残高試算表を作成しなさい。なお、日割計算が必要なものは月割計算すること。

1．決算整理前残高試算表

残　高　試　算　表

×5年3月31日　（単位：千円）

借方科目	金額	貸方
投資有価証券	350,000	
仮払金	390,800	

2．決算整理事項

(1)　×5年1月1日にB社社債（その他有価証券）を保有するため、社債額面400,000千円を390,800円（端数利息含む）で取得し、支払額を仮払金勘定で処理している。なお、当該社債は、利率年3％、利払日年2回（4月末、10月末）、償還期限×8年4月30日であり、取得原価と額面金額との差額は、金利の調整と認められるため、定額法による償却原価法を適用する。なお、B社社債の当期末の時価は、389,000千円である。

(2)　投資有価証券勘定の内訳は、次のとおりである。なお、投資有価証券はすべてその他有価証券として保有している。

銘柄	簿価	当期末時価	備考
A社株式	200,000千円	240,000千円	（※1）
C社株式	150,000千円	63,000千円	（※2）

※1　その他有価証券の評価差額は全部純資産直入法を適用し、便宜上税効果は無視する。

※2　C社株式の時価は、回復するか否か不明である。

■解答欄

後T／B　（単位：千円）

解答・解説 有価証券⑤

後T／B （単位：千円）

借方科目	金額	貸方科目	金額
未収有価証券利息	5,000	有価証券利息	3,840
投資有価証券	692,000	その他有価証券評価差額金	39,360
投資有価証券評価損	87,000		

1．A社株式

(借)		(貸)	
投資有価証券	40,000※1	その他有価証券評価差額金	40,000

※1　その他有価証券評価差額金：240,000（時価）－200,000（簿価）＝40,000（益）

2．B社社債

(1) 取得原価の算定

端数利息を含めた金額を仮払金勘定に計上しているため、当該金額を取得原価と端数利息に按分する。

＜期中の仕訳＞

(借)		(貸)	
仮払金	390,800	現金預金	390,800

＜正しい仕訳＞

(借)		(貸)	
有価証券利息	2,000※1	現金預金	390,800
投資有価証券	388,800※2		

※1　端数利息：400,000（額面金額）×３％×２ヶ月／12ヶ月＝2,000

※2　取得原価：390,800（支払額）－2,000（端数利息）＝388,800

＜修正仕訳＞

(借)		(貸)	
有価証券利息	2,000※1	仮払金	390,800
投資有価証券	388,800※2		

(2) 未収有価証券利息の計上

直前の利払日から当期末まで（×４年11月１日～×５年３月31日）の５ヶ月分を見越し計上する点に留意すること。

(借)		(貸)	
未収有価証券利息	5,000※1	有価証券利息	5,000

※1　未収有価証券利息：400,000×３％×５ヶ月／12ヶ月＝5,000千円※1

(3) 償却原価法

取得日から償還期限まで（×５年１月１日～×８年４月30日）の40ヶ月で償却原価法を適用する。

(借)		(貸)	
投資有価証券	840※1	有価証券利息	840

※1　投資有価証券（償却額）：(400,000－388,800）×３ヶ月／40ヶ月＝840

(4) 評価

(借)		(貸)	
その他有価証券評価差額金	640※1	投資有価証券	640

※1　その他有価証券評価差額金：389,000（時価）－{388,800（取得原価）＋840（償却額）}＝△640（評価損）

3．C社株式

当期末時価が取得価額の50％以上の下落になっており、時価の回復の可能性が不明であるため、減損処理を行う。

(借) 投資有価証券評価損	87,000※1	(貸) 投資有価証券	87,000

※1　投資有価証券評価損：63,000（時価）－150,000（簿価）＝△87,000（損）

4．決算整理後残高試算表の計上額

投資有価証券：240,000（A社株式時価）＋389,000（B社社債時価）＋63,000（C社株式時価）＝692,000

有価証券利息：△2,000（端数利息）＋5,000（未収有価証券利息）＋840（償却原価法）＝3,840

その他有価証券評価差額金：40,000（A社株式）－640（B社社債）＝39,360（益）

10-6 理論問題①

重要度B ／□ ／□ ／□

次の各文章の（　　）の中に入る適切な語句を記入しなさい。

(1) 売買目的有価証券
売買目的有価証券は、(　1　)をもって貸借対照表価額とし、評価差額は当期の損益として処理する。

(2) 満期保有目的の債券
満期まで保有する意図をもって保有する社債その他の債券は、（　2　）をもって貸借対照表価額とする。ただし、債券を債券金額より低い価額又は高い価額で取得した場合において、取得価額と債券金額との差額の性格が（　3　）と認められるときは、（　4　）に基づいて算定された価額をもって貸借対照表価額としなければならない。

(3) 子会社株式及び関連会社株式
子会社株式及び関連会社株式は、（　5　）をもって貸借対照表価額とする。

(4) その他有価証券
売買目的有価証券、満期保有目的の債券、子会社株式及び関連会社株式以外の有価証券は、(　6　)をもって貸借対照表価額とし、評価差額は原則として純資産の部に計上する。この会計処理を(　7　)という。

■解答欄

1		2		3	
4		5		6	
7					

解答・解説 理論問題①

1	時価	2	取得原価	3	金利の調整
4	償却原価法	5	取得原価	6	時価
7	全部純資産直入法				

⑴ 売買目的有価証券

売買目的有価証券は、⑴時価をもって貸借対照表価額とし、評価差額は当期の損益として処理する。

⑵ 満期保有目的の債券

満期まで保有する意図をもって保有する社債その他の債券は、⑵取得原価をもって貸借対照表価額とする。ただし、債券を債券金額より低い価額又は高い価額で取得した場合において、取得価額と債券金額との差額の性格が⑶金利の調整と認められるときは、⑷償却原価法に基づいて算定された価額をもって貸借対照表価額としなければならない。

⑶ 子会社株式及び関連会社株式

子会社株式及び関連会社株式は、⑸取得原価をもって貸借対照表価額とする。

⑷ その他有価証券

売買目的有価証券、満期保有目的の債券、子会社株式及び関連会社株式以外の有価証券は、⑹時価をもって貸借対照表価額とし、評価差額は原則として純資産の部に計上する。この会計処理を⑺全部純資産直入法という。

10-7 理論問題②

重要度 B　／□　／□　／□

次の文章について、正しいと思うものには○印を、正しくないと思うものには×印を解答欄に記入しなさい。

(1) 満期保有目的の社債を額面金額より低い価額で購入した場合には、必ず額面金額との差額について償却原価法を適用しなければならない。

(2) 子会社株式は取得原価をもって貸借対照表価額とするが、時価が著しく下落したときは、回復する見込があると認められる場合を除き、時価をもって貸借対照表価額としなければならない。

(3) 市場価格のない株式については、発行会社の財政状態を反映する株式の実質価額が著しく低下したときは、相当の減額をしなければならない。

(4) その他有価証券は、時価をもって貸借対照表価額とし、評価差額は原則として洗替方式によるが、切放方式によることもできる。

(5) 売買目的有価証券は時価をもって貸借対照表価額とし、評価差額はその全部又は一部を純資産の部に計上する。

(6) 有価証券については、原則として購入代価に手数料等の付随費用を加算し、これに平均原価法等の方法を適用して算定した取得原価をもって貸借対照表価額とする。

(7) 有価証券を貸借対照表に記載する場合には、売買目的有価証券は流動資産に属するものとし、それ以外の有価証券は投資その他の資産に属するものとする。

(8) 満期保有目的の債券を正当な理由により売買目的有価証券へ保有目的を変更した場合には、保有目的変更時の時価により評価される。

■解答欄

1		2		3		4		5		6	
7		8									

解答・解説 理論問題②

1	×	2	○	3	○	4	×	5	×	6	○
7	×	8	×								

(1) 誤り

差額の性格が金利の調整と認められるときは、償却原価法を適用するが、そうでない場合（例えば、信用リスクを反映したものである場合）は、償却原価法を適用しない。

(2) 正しい

(3) 正しい

(4) 誤り

その他有価証券の評価差額は洗替方式のみが認められている。

(5) 誤り

売買目的有価証券は、時価をもって貸借対照表価額とし、評価差額は当期の損益として処理する。

(6) 正しい

(7) 誤り

売買目的有価証券及び１年以内に満期の到来する社債その他の債券は流動資産に属するものとする。

(8) 誤り

有価証券の保有目的区分の変更を行う場合における振替時の評価額は、変更前の保有目的区分に係る評価基準による。したがって、満期保有目的債券を売買目的有価証券へ振り替える場合には償却原価（取得原価）で振り替える。

第11章

債権債務・貸倒引当金

11-1 手形

重要度B ＿／□ ＿／□ ＿／□

次の資料に基づいて、貸借対照表の受取手形、支払手形、短期借入金の金額を求めなさい。

1．決算整理前残高試算表

残　高　試　算　表

×5年３月31日　　　　(単位：千円)

借方科目	金額	貸方科目	金額
受　取　手　形	8,000	支　払　手　形	31,000
		借　入　金	15,000

2．決算整理事項等

(1)　受取手形勘定の内訳に関する留意事項は次のとおりである。

①　固定資産の売却代金として受入れた約束手形1,600千円が含まれている。

②　売掛代金4,000千円の回収として、自己振出の約束手形を裏書譲渡されたものが含まれている。

(2)　支払手形勘定には、取引銀行から6,000千円を借入れ、同銀行を受取人とした約束手形を振出したものが含まれている。なお、手形の満期日は×５年８月31日である。

(3)　借入金勘定の内訳は次のとおりである。

金額	返済期日
5,000千円	×６年３月31日
10,000千円	×６年10月30日

■解答欄

受　取　手　形	千円
支　払　手　形	千円
短　期　借　入　金	千円

解答・解説　手形

受取手形	2,400　千円
支払手形	21,000　千円
短期借入金	11,000　千円

1．決算整理仕訳

(借)	営業外受取手形	1,600※1	(貸)	受取手形	1,600
(借)	支払手形	4,000※2	(貸)	受取手形	4,000
(借)	支払手形	6,000※3	(貸)	手形借入金	6,000

※1　固定資産の売却は営業外の取引であるため、受け入れた手形は営業外受取手形勘定で処理する。よって、受取手形勘定から営業外受取手形勘定に振り替える。

※2　自己振出の約束手形を裏書譲渡により受け入れた場合には、支払手形の減少として処理する。よって、受取手形勘定から支払手形勘定に振り替える。

※3　手形を振り出すことにより借入を行った場合には、手形借入金として処理する。なお、手形借入金は貸借対照表上、借入金に含める点に留意すること。

2．解答の金額

受取手形：8,000（前T/B）－1,600（営業外受取手形）－4,000（自己振出の約束手形）＝2,400

支払手形：31,000（前T/B）－6,000（手形借入金）－4,000（自己振出の約束手形）＝21,000

短期借入金：5,000（返済期日×６年３月31日の借入金）＋6,000（手形借入金）＝11,000

※　返済期日が×６年10月30日の借入金は、一年基準により長期借入金として表示する点に留意すること。

11-2 勘定分析

重要度C ／□ ／□ ／□

次の〔資料〕に基づき、売上総利益までの損益計算書を作成しなさい。

〔資料〕

1．当期首の繰越試算表の一部（単位：千円）

受取手形	4,000	支払手形	5,000
売掛金	6,000	買掛金	7,000
繰越商品	1,500		

2．当期の決算整理後残高試算表の一部（単位：千円）

受取手形	2,000	支払手形	6,000
売掛金	9,000	買掛金	5,000
繰越商品	1,600		
棚卸減耗費	200		

3．解答のための参照事項

(1) 商品売買はすべて掛け及び手形によって行っている。

(2) 当期の当座預金勘定は以下のとおりである。なお、日付は省略している。

当座預金　（単位：千円）

前期繰越	3,000	支払手形	12,000
売掛金	15,000	買掛金	18,000
受取手形	20,000	営業費	4,000
		次期繰越	4,000
	38,000		38,000

(3) 当期中に売掛金3,000千円を相手先振出の約束手形で回収している。これ以外の掛代金の回収及び支払はすべて当座預金で行っている。

(4) 棚卸減耗費は販売費及び一般管理費の区分に計上する。

■解答欄

損益計算書　（単位：千円）

売上高		（　　）
売上原価		
期首商品棚卸高	（　　）	
当期商品仕入高	（　　）	
小計	（　　）	
期末商品棚卸高	（　　）	（　　）
売上総利益		（　　）

解答・解説 勘定分析

損 益 計 算 書 （単位：千円）

売上高		36,000
売上原価		
期首商品棚卸高	1,500	
当期商品仕入高	29,000	
小計	30,500	
期末商品棚卸高	1,800	28,700
売上総利益		7,300

1．解法

損益計算書を作成するためには売上や仕入の金額が必要になるが、本問では当該金額が与えられていない。そのため、推定する必要がある。具体的には以下の手順により解き進める。

① 勘定の書き出し
② 仕訳の書き出し（金額不明分は？で書き出す）
③ 仕訳の勘定への転記
④ 勘定の貸借差額により、金額不明分の推定

2．勘定の書き出し

繰越試算表及び決算整理後残高試算表から判明する各勘定を書き出す。

受取手形

借方		貸方	
前期繰越	4,000		
		次期繰越	2,000

売掛金

借方		貸方	
前期繰越	6,000		
		次期繰越	9,000

繰越商品

借方		貸方	
前期繰越	1,500		
		次期繰越	1,600

支払手形

借方		貸方	
		前期繰越	5,000
次期繰越	6,000		

買掛金

借方		貸方	
		前期繰越	7,000
次期繰越	5,000		

3．仕訳の書き出し

問題文から読み取れる仕訳を書き出す。この際、金額が不明な仕訳は？等を用いて書き出す。

⑴　売上・仕入

（借）	受取手形	？	（貸）	売上	？
	売掛金	？			
（借）	仕入	？	（貸）	支払手形	？
				買掛金	？

⑵　当座預金関係の取引

（借）	当座預金	15,000	（貸）	売掛金	15,000
（借）	当座預金	20,000	（貸）	受取手形	20,000
（借）	支払手形	12,000	（貸）	当座預金	12,000
（借）	買掛金	18,000	（貸）	当座預金	18,000
（借）	営業費	4,000	（貸）	当座預金	4,000

⑶　売掛金の手形による決済

（借）	受取手形	3,000	（貸）	売掛金	3,000

⑷　売上原価の算定及び商品の評価

（借）	仕入	1,500	（貸）	繰越商品	1,500
（借）	繰越商品	？	（貸）	仕入	？
（借）	棚卸減耗費	200	（貸）	繰越商品	200

4．仕訳の転記

上記の仕訳をすべて最初に書き出した勘定に転記する。金額を？にして書き出した仕訳についても転記を行う。

受取手形

前期繰越	4,000	当座預金	20,000
売上	？	次期繰越	2,000
売掛金	3,000		
	22,000		22,000

売掛金

前期繰越	6,000	当座預金	15,000
売上	？	受取手形	3,000
		次期繰越	9,000
	27,000		27,000

繰越商品

前期繰越	1,500	仕入	1,500
仕入	？	棚卸減耗費	200
		次期繰越	1,600
	3,300		3,300

支払手形

当座預金	12,000	前期繰越	5,000
次期繰越	6,000	仕入	？
	18,000		18,000

買掛金

当座預金	18,000	前期繰越	7,000
次期繰越	5,000	仕入	？
	23,000		23,000

5．？の金額の推定

勘定の貸借差額により、勘定の中で金額が？となっている箇所について推定する。

受取手形

借方	金額	貸方	金額
前期繰越	4,000	当座預金	20,000
売　　上	15,000	次期繰越	2,000
売 掛 金	3,000		
	22,000		22,000

売掛金

借方	金額	貸方	金額
前期繰越	6,000	当座預金	15,000
売　　上	21,000	受取手形	3,000
		次期繰越	9,000
	27,000		27,000

繰越商品

借方	金額	貸方	金額
前期繰越	1,500	仕　　入	1,500
仕　　入	1,800	棚卸減耗費	200
		次期繰越	1,600
	3,300		3,300

支払手形

借方	金額	貸方	金額
当座預金	12,000	前期繰越	5,000
次期繰越	6,000	仕　　入	13,000
	18,000		18,000

買掛金

借方	金額	貸方	金額
当座預金	18,000	前期繰越	7,000
次期繰越	5,000	仕　　入	16,000
	23,000		23,000

6．解答の算定

売上高：15,000（手形売上）＋21,000（掛売上）＝36,000

当期商品仕入高：13,000（手形仕入）＋16,000（掛仕入）＝29,000

11-3 貸倒引当金

重要度A　／□　／□　／□

次の資料に基づいて、貸借対照表を作成し、また、損益計算書に計上される貸倒引当金繰入額の金額を表示区分別に答えなさい。なお、マイナス記号は△を用いること。

〔資料Ⅰ〕決算整理前残高試算表

残　高　試　算　表

×2年３月31日　（単位：円）

借方科目	金額	貸方科目	金額
受取手形	150,000	貸倒引当金	4,300
売掛金	240,000		
貸付金	200,000		

〔資料Ⅱ〕決算整理事項

1．貸付金のうち100,000円は、相手先の経営状態が悪化したため、当期末より貸倒懸念債権に分類する。
2．売掛金のうち60,000円は、得意先が会社更生法の適用を受けたため、当期末より破産更生債権等に分類する。なお、同社が保有する土地（当期末の時価20,000円）を担保として設定している。
3．一般債権については、期末金銭債権残高の３％を差額補充法により設定する。
4．貸倒懸念債権は、財務内容評価法により、期末金銭債権残高の50％を設定する。
5．決算整理前残高試算表の貸倒引当金は、一般債権に対して設定されたものである。

■解答欄

貸　借　対　照　表　（単位：円）

Ⅰ 流動資産			
受取手形	(　　　)		
貸倒引当金	(　　　)	(　　　)	
売掛金	(　　　)		
貸倒引当金	(　　　)	(　　　)	
Ⅱ 固定資産			
長期貸付金	(　　　)		
貸倒引当金	(　　　)	(　　　)	
破産更生債権等	(　　　)		
貸倒引当金	(　　　)	(　　　)	

貸倒引当金繰入額	販売費及び一般管理費	円
	営業外費用	円

解答・解説 貸倒引当金

貸借対照表　　(単位：円)

I 流動資産			
受取手形	150,000		
貸倒引当金	△ 4,500	145,500	
売掛金	180,000		
貸倒引当金	△ 5,400	174,600	
II 固定資産			
長期貸付金	200,000		
貸倒引当金	△ 53,000	147,000	
破産更生債権等	60,000		
貸倒引当金	△ 40,000	20,000	

貸倒引当金繰入額	販売費及び一般管理費	46,600 円
	営業外費用	52,000 円

1．分析図

〈貸倒引当金繰入額の分析〉

債権	金額	区分	金額	金額の算定		P/Lの計上区分
受取手形	150,000円	一般債権	150,000円	×3%−4,300円=8,600円	330,000円	6,600円（営業債権）
売掛金	240,000円	一般債権	180,000円		100,000円	2,000円（営業外債権）
		破産更生債権等	60,000円	(60,000円−20,000円)×100%=40,000円		40,000円（営業債権）
貸付金	200,000円	一般債権	100,000円			
		貸倒懸念債権	100,000円	×50%=50,000円		50,000円（営業外債権）

2．一般債権

(1) 金額の算定

貸倒見積高：{150,000（受取手形）＋180,000（売掛金）＋100,000（貸付金）} ×３％＝12,900

貸倒引当金繰入額：12,900（貸倒見積高）－4,300（前T/B貸倒引当金）＝8,600

(2) 表示区分

販管費：8,600（貸倒引当金繰入額）×330,000（営業債権※1）／430,000（一般債権※2）＝6,600

営業外費用：8,600（貸倒引当金繰入額）×100,000（営業外債権※3）／430,000（一般債権※2）
＝2,000

※１ 営業債権：150,000（受取手形）＋180,000（売掛金）＝330,000

※２ 一般債権：150,000（受取手形）＋180,000（売掛金）＋100,000（貸付金）＝430,000

※３ 営業外債権：100,000（貸付金）

3．貸倒懸念債権

貸倒引当金繰入額：100,000（貸付金）×50％＝50,000（営業外費用）

4．破産更生債権等

貸倒引当金繰入額：60,000（売掛金）－20,000（担保）＝40,000（販管費）

5．解答の金額

(1) 貸借対照表（貸倒引当金）

受取手形：150,000（一般債権）×３％＝4,500

売掛金：180,000（一般債権）×３％＝5,400

長期貸付金：100,000（一般債権）×３％＋100,000（貸倒懸念債権）×50％＝53,000

破産更生債権等：40,000

(2) 損益計算書

販管費：6,600（一般債権）＋40,000（破産更生債権等）＝46,600

営業外費用：2,000（一般債権）＋50,000（貸倒懸念債権）＝52,000

11-4 貸倒引当金

重要度A　／□　／□　／□

以下の資料に基づいて、決算整理後残高試算表を作成しなさい。

〔資料Ⅰ〕決算整理前残高試算表

残　高　試　算　表

×年３月31日　（単位：円）

借方科目	金額	貸方科目	金額
現　　　金	88,000	貸　倒　引　当　金	3,750
受　取　手　形	151,000		
売　掛　金	400,000		
貸　付　金	100,000		
貸　倒　損　失	4,000		

〔資料Ⅱ〕決算整理事項

1．期中に生じた以下の事項が未処理になっている。

① 前期に発生した受取手形1,000円が貸し倒れた。

② 前期に貸倒処理した売掛金3,000円を現金で回収した。

2．貸付金100,000円は、当期首に以下の条件で貸付けたものであるが、当期末において同社の経営状態が悪化したため、翌期以降の利率を年２％に緩和することにし、当該債権を貸倒懸念債権に分類することにした。

貸付金額	貸付期間	年利率	利払日
100,000円	３年間	４％	毎年３月末（年１回）

3．一般債権については、期末金銭債権残高の２％を差額補充法により設定する。

4．貸倒懸念債権は、キャッシュ・フロー見積法により貸倒引当金を設定する。

5．計算上円未満の端数が生じる場合には、円未満を四捨五入すること。

■解答欄

後T／B　（単位：円）

借方科目	金額	貸方科目	金額
現　　　金		貸　倒　引　当　金	
受　取　手　形		（　　　　　）	
売　掛　金			
貸　付　金			
貸　倒　損　失			
貸倒引当金繰入額			

解答・解説　貸倒引当金

後T／B　(単位：円)

現金	91,000	貸倒引当金	14,772
受取手形	150,000	償却債権取立益	3,000
売掛金	400,000		
貸付金	100,000		
貸倒損失	4,000		
貸倒引当金繰入額	12,022		

1．未処理事項

⑴　仕訳

(借)	貸倒引当金	1,000※1	(貸)	受取手形	1,000
(借)	現金	3,000	(貸)	償却債権取立益	3,000

※1　前期発生債権の貸倒であるため、貸倒引当金を補填する。

⑵　未処理事項処理後の勘定残高

現金：88,000（前T/B）＋3,000＝91,000

受取手形：151,000（前T/B）－1,000＝150,000

貸倒引当金：3,750（前T/B）－1,000＝2,750

償却債権取立益：3,000

2．貸倒引当金

⑴　一般債権

貸倒見積高：{150,000（受取手形）＋400,000（売掛金）}×２％＝11,000

貸倒引当金繰入額：11,000（貸倒見積高）－2,750（貸倒引当金）＝8,250

⑵　貸倒懸念債権（キャッシュ・フロー見積法）

100,000（貸付金）－96,228（割引現在価値※1）＝3,772

※１　割引現在価値：下記参照

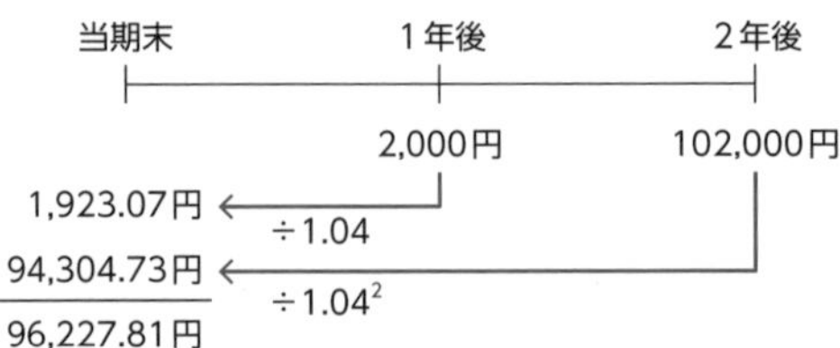

3．解答の金額

貸倒引当金繰入額：8,250（一般債権）＋3,772（貸倒懸念債権）＝12,022

貸倒引当金：{150,000（受取手形）＋400,000（売掛金）}×２％＋3,772（貸倒懸念債権）＝14,772

11-5 理論問題①

重要度 B　／ □　／ □　／ □

次の（　　）の中に入る適切な語句を記入しなさい。

⑴　貸倒見積高の算定にあたっては、債務者の財政状態及び経営成績等に応じて、債権を次のように区分する。

①　経営状態に重大な問題が生じていない債務者に対する債権（以下、（　1　）という。）

②　経営破綻の状態には至っていないが、債務の弁済に重大な問題が生じているか又は生じる可能性の高い債務者に対する債権（以下、（　2　）という。）

③　経営破綻又は実質的に経営破綻に陥っている債務者に対する債権（以下、「（　3　）」という。）

⑵　（　2　）については、債券の状況に応じて、財務内容評価法又は（　4　）により貸倒見積高を算定する。

■解答欄

1		2		3	
4					

解答・解説　理論問題①

1	一般債権	2	貸倒懸念債権	3	破産更生債権等
4	キャッシュ・フロー見積法				

⑴　貸倒見積高の算定にあたっては、債務者の財政状態及び経営成績等に応じて、債権を次のように区分する。

①　経営状態に重大な問題が生じていない債務者に対する債権（以下、⑴一般債権という。）

②　経営破綻の状態には至っていないが、債務の弁済に重大な問題が生じているか又は生じる可能性の高い債務者に対する債権（以下、⑵貸倒懸念債権という。）

③　経営破綻又は実質的に経営破綻に陥っている債務者に対する債権（以下、「⑶破産更生債権等」という。）

⑵　⑵貸倒懸念債権については、債券の状況に応じて、財務内容評価法又は⑷キャッシュ・フロー見積法により貸倒見積高を算定する。

11-6 理論問題②

重要度B　/ □　/ □　/ □

次の文章について、正しいと思うものには○印を、正しくないと思うものには×印を解答欄に記入しなさい。

(1) 一般債権については、債権全体又は同種・同類の債権ごとに、債権の状況に応じて求めた過去の貸倒実績率等合理的な基準により貸倒見積高を算定する。

(2) 貸倒懸念債権及び破産更生債権等の貸倒見積高は、原則として、貸倒引当金として処理する。ただし、債権金額又は取得価額から直接減額することもできる。

(3) 貸倒懸念債権に分類された債権の貸倒見積高は、債権額から担保の処分見込額及び保証による回収見込額を減額し、その残額について債務者の財政状態及び経営成績を考慮して算定する方法によらなければならない。

(4) 破産更生債権等については、債権額から担保の処分見込額及び保証による回収見込額を減額した残額を貸倒見積高とする。

(5) 経営破綻には至っていないが、債務の弁済に重大な問題が生じている債務者に対する債権を破産更生債権等という。

(6) 売掛金が破産更生債権等に分類された場合、正常営業循環基準に基づき、流動資産の区分に表示する。

■解答欄

1		2		3		4		5		6	

解答・解説　理論問題②

1	○	2	×	3	×	4	○	5	×	6	×

⑴　正しい

⑵　誤り

破産更生債権等の貸倒見積高は債権金額又は取得価額から直接減額することが認められるが、貸倒懸念債権はそのような会計処理は認められない。

⑶　誤り

問題文は財務内容評価法による場合の算定方法である。貸倒懸念債権の貸倒見積高は財務内容評価法の他、キャッシュ・フロー見積法によることも認められる。

⑷　正しい

⑸　誤り

経営破綻には至っていないが、債務の弁済に重大な問題が生じているか又は生じる可能性の高い債務者に対する債権は、貸倒懸念債権である。

⑹　誤り

破産更生債権等に分類された売掛金は、営業循環過程から外れた債権となるため、一年基準に基づき表示区分を決定する。よって、一年以内に回収すると見込まれる場合を除き、固定資産の区分に表示する。

第12章

デリバティブ（金融商品会計）

12-1 債券先物取引①（買建）

重要度B　/ □　/ □　/ □

次の資料に基づき、各期の財務諸表計上額を答えなさい。

1．×1年3月12日に、国債先物額面総額50,000円を、額面100円につき91円で買い建てる契約を結び、委託証拠金として8,000円を証券会社に差し入れた。
2．×1年3月31日（決算日）において、国債先物の時価が93円に上昇した。
3．×1年5月25日に、当該先物の時価が96円となり、反対売買による差金決済を行い、委託証拠金の返還を受けた。

■解答欄

	×1年3月期	×2年3月期
先物取引差入証拠金	円	円
先物取引資産	円	円
先物取引損益※	円	円

※　費用となる場合、金額の前に△の記号を付すこと。

解答・解説　債券先物取引①（買建）

	×1年３月期	×2年３月期
先物取引差入証拠金	8,000円	－　円
先物取引資産	1,000円	－　円
先物取引損益※	1,000円	1,500円

1．×１年３月期

(1)　×１年３月12日（契約日）

(借) 先物取引差入証拠金	8,000	(貸) 現金預金	8,000

(2)　×１年３月31日（決算日）

(借) 先物取引資産	1,000※1	(貸) 先物取引損益	1,000

※１　先物取引損益：{@93（決算時先物価格）－@91（契約時先物価格）}×500口※２＝1,000（益）

※２　口数：50,000（額面金額）÷@100（１口あたりの額面金額）＝500口

2．×２年３月期

(1)　×１年４月１日（期首）

(借) 先物取引損益	1,000	(貸) 先物取引資産	1,000

(2)　×１年５月25日（決済日）

①　先物取引の決済

(借) 現金預金	2,500	(貸) 先物取引損益	2,500

※　{@96（決済時先物価格）－@91（契約時先物価格）}×500口＝2,500（益）

②　差入証拠金の返還

(借) 現金預金	8,000	(貸) 先物取引差入証拠金	8,000

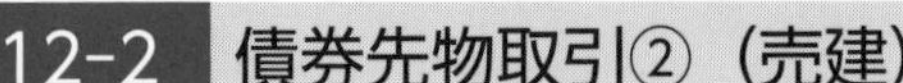

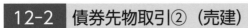

12-2 債券先物取引②（売建）

重要度B　／□　／□　／□

次の資料に基づき、各期の財務諸表計上額を答えなさい。

1．×1年1月15日に、国債先物額面総額80,000円を、額面100円につき95円で売り建てる契約を結び、委託証拠金として9,500円を証券会社に差し入れた。
2．×1年3月31日（決算日）において、国債先物の時価が94円に下落した。
3．×1年6月17日に、当該先物の時価が97円となり、反対売買による差金決済を行い、委託証拠金の返還を受けた。

■解答欄

	×1年3月期	×2年3月期
先物取引差入証拠金	円	円
先物取引資産	円	円
先物取引損益※	円	円

※　費用となる場合、金額の前に△の記号を付すこと。

解答・解説 債券先物取引②（売建）

	×1年３月期	×2年３月期
先物取引差入証拠金	9,500円	－ 円
先物取引資産	800円	－ 円
先物取引損益	800円	△2,400円

1．×１年３月期

⑴ ×１年１月15日（契約日）

(借) 先物取引差入証拠金	9,500	(貸) 現金預金	9,500

⑵ ×１年３月31日（決算日）

(借) 先物取引資産	800※1	(貸) 先物取引損益	800

※１ 先物取引損益：{@95（契約時先物価格）－@94（決算時先物価格）}×800口※2＝800（益）

※２ 口数：80,000（額面金額）÷@100（１口あたりの額面金額）＝800口

2．×２年３月期

⑴ ×１年４月１日（期首）

(借) 先物取引損益	800	(貸) 先物取引資産	800

⑵ ×１年６月17日（決済日）

① 先物取引の決済

(借) 先物取引損益	1,600	(貸) 現金預金	1,600

※ {@95（契約時先物価格）－@97（決済時先物価格）}×800口＝△1,600（損）

② 差入証拠金の返還

(借) 現金預金	9,500	(貸) 先物取引差入証拠金	9,500

12-3 オプション取引

重要度C ／□ ／□ ／□

次の資料に基づき、各期の財務諸表計上額を答えなさい。

1．×１年10月４日に、国債相場が上昇するとの予想に基づき、国債先物の相場が94円の時点で、行使価格が99円の国債先物のコール・オプション額面総額800,000円（8,000口）を買い建て、額面100円（１口）につきオプション料0.8円を支払った。
2．×２年３月31日（決算日）において、国債先物の時価が94円、コール・オプション価格が0.75円となった。
3．×２年５月25日に、コール・オプションを売却した。売却日における国債先物の時価は92円、コール・オプション価格は0.55円であった。

■解答欄

	×2年３月期	×3年３月期
買建オプション	円	円
オプション差損益※	円	円

※　費用となる場合、金額の前に△の記号を付すこと。

解答・解説　オプション取引

	×2年３月期	×3年３月期
買建オプション	6,000円	－　円
オプション差損益	△400円	△1,600円

1．×２年３月期

(1)　×１年10月４日（契約日）

(借) 買建オプション	6,400	(貸) 現金預金	6,400

※　8,000口×@0.8（取得価格）＝6,400

(2)　×２年３月31日（決算日）

(借) オプション差損益	400	(貸) 買建オプション	400

※　8,000口×{@0.75（時価）－@0.8（取得価格）}＝△400（損）

2．×３年３月期

(1)　×２年４月１日（期首）

(借) 買建オプション	400	(貸) オプション差損益	400

(2)　×２年５月25日（売却）

(借) 現金預金	4,400※1	(貸) 買建オプション	6,400
オプション差損益	2,000※2		

※１　現金預金：8,000口×@0.55（時価）＝4,400

※２　オプション差損益：8,000口×{@0.55円（時価）－@0.8（取得価格）}＝△2,000（損）

12-4 ヘッジ会計①（債券先物）

重要度B　/ □　/ □　/ □

次の資料に基づき、各期の財務諸表計上額を答えなさい。

1. ×1年1月15日に、額面総額200,000円（2,000口）の国債を額面100円につき96円で購入し、その他有価証券として保有している。なお、当該国債に対して償却原価法は適用しないものとする。また、国債の価格変動リスクを回避するために、国債先物によるヘッジ取引を行い、額面総額200,000円を額面100円につき98円で売り建てた（委託証拠金は考慮しない）。
2. ×1年3月31日（決算日）において、国債現物の時価が@95円、国債先物の時価が@96円に下落した。
3. ×1年5月25日に、国債を@92円で売却した。同時に、国債先物の時価が@95円となり、反対売買による差金決済を行った。
4. ヘッジ会計の要件は満たしており、会計処理は繰延ヘッジによる。
5. 税効果会計は適用しない。

■解答欄

	×1年３月期	×2年３月期
先物取引資産	円	円
その他有価証券評価差額金※1	円	円
繰延ヘッジ損益※1	円	円
投資有価証券売却損益※2	円	円

※1　借方残高となる場合、金額に△の記号を付すこと。
※2　費用となる場合、金額に△の記号を付すこと。

解答・解説 ヘッジ会計①（債券先物）

	×1年３月期	×2年３月期
先物取引資産	4,000円	－ 円
その他有価証券評価差額金	△2,000円	－ 円
繰延ヘッジ損益	4,000円	－ 円
投資有価証券売却損益	－ 円	△2,000円

1．×１年３月期

(1)　×１年１月15日（取得日）

(借)	投資有価証券	192,000	(貸)	現金預金	192,000

※　2,000口×@96＝192,000

(2)　×１年３月31日（決算日）

〔ヘッジ対象に係る仕訳〕

(借)	その他有価証券評価差額金	2,000	(貸)	投資有価証券	2,000

※　2,000口×{@95（決算時現物価格）－@96（取得時現物価格）}＝△2,000（損）

〔ヘッジ手段に係る仕訳〕

(借)	先物取引資産	4,000	(貸)	繰延ヘッジ損益	4,000

※　2,000口×{@98（契約時先物価格）－@96（決算時先物価格）}＝4,000（益）

2．×２年３月期

(1)　×２年４月１日（期首）

〔ヘッジ対象に係る仕訳〕

(借)	投資有価証券	2,000	(貸)	その他有価証券評価差額金	2,000

〔ヘッジ手段に係る仕訳〕

(借)	繰延ヘッジ損益	4,000	(貸)	先物取引資産	4,000

(2)　×１年５月25日（決済日）

〔ヘッジ対象に係る仕訳〕

(借)	現金預金	184,000※1	(貸)	投資有価証券	192,000
	投資有価証券売却損益	8,000※2			

※１　現金預金（売却額）：2,000口×@92（決済時現物価格）＝184,000

※２　投資有価証券売却損益：184,000（売却額※１）－192,000（取得原価）＝△8,000（損）

〔ヘッジ手段に係る仕訳〕

(借)	現金預金	6,000	(貸)	投資有価証券売却損益	6,000

※　2,000口×{@98（契約時先物価格）－@95（決済時先物価格）}＝6,000（益）

12-5 ヘッジ会計②（金利スワップ） 重要度B ／□ ／□ ／□

次の資料に基づき、ヘッジ取引の会計処理として繰延ヘッジによった場合と特例処理によった場合における、×１年12月期の財務諸表に計上される各金額を答えなさい。

1．×１年７月１日に、Ａ銀行より期間10年、変動金利の条件で、10,000円を借り入れた。当該借入れの金利変動リスクを回避するため、同日にＢ銀行と想定元本10,000円による金利スワップ契約を締結し、Ｂ銀行へ固定金利年５％を支払い、Ｂ銀行からは変動金利を受取ることとした。なお、借入金及び金利スワップ契約の利息は後払いで、契約日より半年ごとに行われる。

2．×１年12月31日（決算日）に、借入金及び金利スワップ契約に係る利息の授受が現金で行われた。変動金利は年4.8％である。また、金利スワップ時価は25円（評価益）であった。

3．ヘッジ会計の要件は満たしているものとする。また、法定実効税率40％により税効果会計を適用する。

■解答欄

	繰延ヘッジ	特例処理
金利スワップ資産	円	円
支払利息	円	円
繰延ヘッジ損益※	円	円

※　借方残高となる場合、金額に△の記号を付すこと。

解答・解説 ヘッジ会計②（金利スワップ）

	繰延ヘッジ	特例処理
金利スワップ資産	25円	－ 円
支払利息	250円	250円
繰延ヘッジ損益	15円	－ 円

1．繰延ヘッジ

⑴　×1年7月1日

(借) 現金預金	10,000	(貸) 借入金	10,000

⑵　×1年12月31日（利払日及び決算日）

①　金利

〔ヘッジ対象に係る仕訳〕

(借) 支払利息	240	(貸) 現金預金	240

※　10,000×4.8%（変動金利）×6ヶ月/12ヶ月＝240

〔ヘッジ手段に係る仕訳〕

(借) 支払利息	10	(貸) 現金預金	10

※　10,000×{4.8%（変動金利）－5%（固定金利）}×6ヶ月/12ヶ月＝△10

②　時価評価

(借) 金利スワップ資産	25	(貸) 繰延税金負債	10
		繰延ヘッジ損益	15※

※　25（金利スワップ時価）×（1－40%）＝15

2．特例処理

⑴　×1年7月1日

(借) 現金預金	10,000	(貸) 借入金	10,000

⑵　×1年12月31日（利払日及び決算日）

①　金利

〔ヘッジ対象に係る仕訳〕

(借) 支払利息	240	(貸) 現金預金	240

※　10,000×4.8%（変動金利）×6ヶ月/12ヶ月＝240

〔ヘッジ手段に係る仕訳〕

(借) 支払利息	10	(貸) 現金預金	10

※　10,000×{4.8%（変動金利）－5%（固定金利）}×6ヶ月/12ヶ月＝△10

②　時価評価

仕訳なし

※　特例処理であるため時価評価しない。

※　繰延ヘッジ、特例処理のどちらによっても、支払利息の金額は固定金利によった金額となる。
支払利息：10,000×5%（固定金利）×6ヶ月/12ヶ月＝250

12-6 理論問題

重要度 B　／□　／□　／□

次の文章について、正しいと思うものには○印を、正しくないと思うものには×印を解答欄に記入しなさい。

(1) デリバティブ取引を行い決済前に決算日となった場合、原則として当該デリバティブ取引は時価評価され、オンバランスされる。

(2) ヘッジ会計とは、ヘッジ取引のうち一定の要件を充たすものについて、ヘッジ対象に係る損益とヘッジ手段に係る損益を同一の会計期間に認識し、ヘッジの効果を会計に反映させるための特殊な会計処理をいう。

(3) ヘッジ会計は、原則として、時価評価されているヘッジ対象に係る損益を、ヘッジ手段に係る損益が認識されるまで純資産の部において繰り延べる方法による。

(4) 金利スワップに対しては、ヘッジ会計を適用することはできない。

(5) ヘッジ会計は、ヘッジ対象が消滅したときに終了し、繰り延べられているヘッジ手段に係る損益又は評価差額は当期の損益として処理しなければならない。

■解答欄

1		2		3		4		5	

解答・解説 理論問題

1	○	2	○	3	×	4	×	5	○

(1) 正しい

(2) 正しい

(3) 誤り

「ヘッジ対象」と「ヘッジ手段」が逆であるため、誤り。

(4) 誤り

ヘッジ会計の要件を充たした場合、ヘッジ会計を適用することができる。

(5) 正しい

第13章

リース会計

13-1 ファイナンス・リース取引　重要度A　／□　／□　／□

次の資料に基づいて、下記の設問に答えなさい。なお、計算過程において、千円未満の端数が生じた場合には、千円未満を四捨五入すること。

1．決算整理前残高試算表

残　高　試　算　表

×5年12月31日　（単位：千円）

借方科目	金額	貸方科目	金額
備　　品	350,000	備品減価償却累計額	157,500
仮　払　金	60,000		

2．決算整理事項

(1) 当社は当期首（×5年1月1日）に備品をリースにより使用しているがリース料支払額を仮払金勘定で処理しているのみである。なお、当該リース取引は、ファイナンス・リース取引に該当する。

<リース契約内容>

① 当該リースは中途解約が不能である。また、リース期間終了日を期日として返却する。

② リース期間は×5年1月1日から×9年12月31日までの5年間である。

③ リース料は年額60,000千円であり、年1回毎年12月31日に1年分を支払う。

④ 見積現金購入価額は246,000千円である。

(2) 備品の経済的耐用年数は8年であり、残存価額10％の定額法により減価償却を行う。

(3) 当社の追加借入を行う場合の利子率は年8％である。

(4) リース資産も定額法により減価償却を実施する。

(5) 5年の年金現価係数

7％：4.100　8％：3.993　9％：3.890　10％：3.791

問1　×5年度の財務諸表に計上される各金額を求めなさい。

問2　リース契約内容の④が「見積現金購入価額は227,460千円である。」であった場合の×5年度の財務諸表に計上される各金額を求めなさい。

問3　リース契約内容の①が「当該リースは中途解約が不能である。また、リース期間終了日に所有権が当社に移転する。」であった場合の×5年度の財務諸表に計上される各金額を求めなさい。

■解答欄

問1

表示科目	金　額
リ　ー　ス　資　産	千円
減価償却累計額（リース資産）	千円
リース債務（流動負債）	千円
リース債務（固定負債）	千円
減　価　償　却　費	千円
支　払　利　息	千円

問2

表示科目	金　額
リ　ー　ス　資　産	千円
減価償却累計額（リース資産）	千円
リース債務（流動負債）	千円
リース債務（固定負債）	千円
減　価　償　却　費	千円
支　払　利　息	千円

問3

表示科目	金　額
リ　ー　ス　資　産	千円
減価償却累計額（リース資産）	千円
リース債務（流動負債）	千円
リース債務（固定負債）	千円
減　価　償　却　費	千円
支　払　利　息	千円

解答・解説　ファイナンス・リース取引

問1

表示科目	金　額
リ　ー　ス　資　産	239,580　千円
減価償却累計額（リース資産）	47,916　千円
リース債務（流動負債）	44,100　千円
リース債務（固定負債）	154,646　千円
減　価　償　却　費	87,291　千円
支　払　利　息	19,166　千円

問2

表示科目	金　額
リ　ー　ス　資　産	227,460　千円
減価償却累計額（リース資産）	45,492　千円
リース債務（流動負債）	40,979　千円
リース債務（固定負債）	149,227　千円
減　価　償　却　費	84,867　千円
支　払　利　息	22,746　千円

問3

表示科目	金　額
リ　ー　ス　資　産	239,580　千円
減価償却累計額（リース資産）	26,953　千円
リース債務（流動負債）	44,100　千円
リース債務（固定負債）	154,646　千円
減　価　償　却　費	66,328　千円
支　払　利　息	19,166　千円

1．問1の解説

⑴　×５年１月１日

(借) リース資産	239,580※1	(貸) リース債務	239,580

※１　リース資産

リース料総額の割引現在価値：60,000×3.993（８％、５年の年金現価係数）＝239,580

借手の見積現金購入価額：246,000

∴　取得価額：239,580（８％）

⑵　×５年12月31日（リース料支払日）

①　分析図

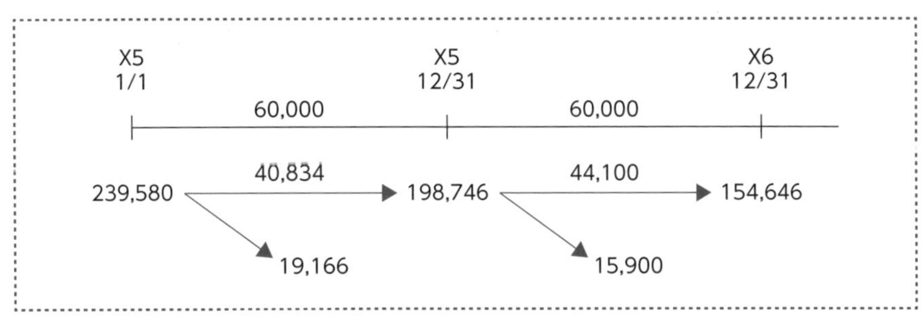

②　仕訳

(借) リース債務	40,834	(貸) 仮払金	60,000
支払利息	19,166		

⑶　×５年12月31日（決算）

①　決算整理仕訳

所有権移転外であるため、耐用年数はリース期間、残存価額はゼロとしてリース資産の減価償却を実施する。

(借) 減価償却費	47,916※1	(貸) リース資産減価償却累計額	47,916
(借) 減価償却費	39,375※2	(貸) 備品減価償却累計額	39,375

※１　減価償却費（リース資産）：239,580÷５年間（リース期間）＝47,916

※２　減価償却費（備品）：350,000×90％÷８年＝39,375

②　リース債務の長短分類

流動負債：44,100（翌期返済額）

固定負債：154,646（翌期中に返済しない額）

第13章 リース会計

2．問2の解説

(1)　×5年1月1日

(借)	リース資産	227,460※1	(貸)	リース債務	227,460

※1　リース資産

リース料総額の割引現在価値：60,000×3.993（8％、5年の年金現価係数）＝239,580

借手の見積現金購入価額：227,460

∴　取得価額：227,460（10％※2）

※2　割引率：227,460÷60,000（年間リース料）＝3.791（10%、5年の年金現価係数）　∴10%※3

※3　何%で割り引けば見積現金購入価額になるのか?」という率が、支払利息を算定するための率となる。ここで、本問では年金現価係数が与えられているため、年金現価係数から逆算することになる。具体的には、「年間リース料×年金現価係数=割引現在価値」であるため、「60,000×年金現価係数=227,460(見積現金購入価額)」となる。この式を変形すると「227,460(見積現金購入価額)÷60,000=3.791(年金現価係数)」であり、年金現価係数3.791が求められる。これは、10%・5年の年金現価係数であるため、年間リース料60,000を10%で5年分割り引けば、227,460になることを意味する。よって、支払利息を算定するための率は10%となる。

(2)　×5年12月31日（リース料支払日）

①　分析図

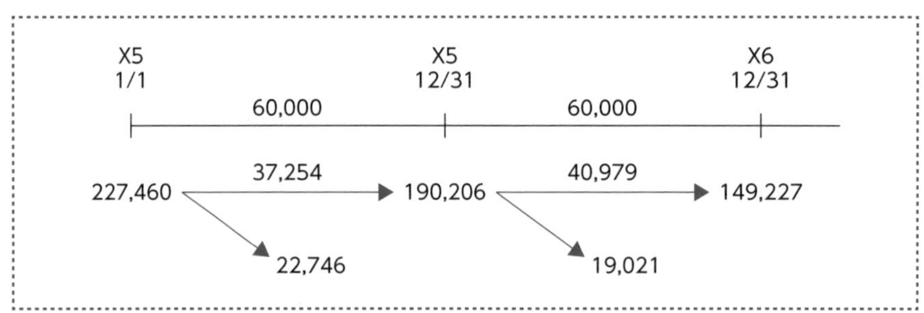

②　仕訳

(借)	リース債務	37,254	(貸)	仮払金	60,000
	支払利息	22,746			

(3)　×5年12月31日（決算）

①　決算整理仕訳

所有権移転外であるため、耐用年数はリース期間、残存価額はゼロとしてリース資産の減価償却を実施する。

(借)	減価償却費	45,492※1	(貸)	リース資産減価償却累計額	45,492
(借)	減価償却費	39,375※2	(貸)	備品減価償却累計額	39,375

※1　減価償却費（リース資産）：227,460÷5年間（リース期間）＝45,492

※2　減価償却費（備品）：350,000×90％÷8年＝39,375

②　リース債務の長短分類

流動負債：40,979（翌期返済額）

固定負債：149,227（翌期中に返済しない額）

3. 問3の解説

(1) ×5年1月1日

問1と同じ

(2) ×5年12月31日（リース料支払日）

問1と同じ

(3) ×5年12月31日（決算）

① 決算整理仕訳

所有権が移転するため、同種の資産と同様の条件でリース資産の減価償却を実施する。

（借）減価償却費	26,953※1	（貸）リース資産減価償却累計額	26,953
（借）減価償却費	39,375※2	（貸）備品減価償却累計額	39,375

※1 減価償却費（リース資産）：239,580×90％÷8年≒26,953

※2 減価償却費（備品）：350,000×90％÷8年＝39,375（問1と同じ）

② リース債務の長短分類

問1と同じ

13-2 セール・アンド・リースバック取引 重要度B ／□ ／□ ／□

当社は当期首（×1年4月1日）に新規の設備投資資金を得る目的で、所有する備品をリース会社に売却するとともに、その全部をリースバックするセール・アンド・リースバック取引を行った。そこで、以下の資料に基づき、×2年3月31日の財務諸表項目の金額を求めなさい。なお、該当する金額がない場合「－」とすること。

1．備品は、×0年4月1日に800,000千円で取得したものであり、減価償却は残存価額10％、耐用年数6年の定額法により行っていた。

2．セール・アンド・リースバック取引の条件

(1) 売却価額　720,000千円

(2) 年間リース料　190,000千円（毎年3月末払）

(3) リース会社の計算利子率は10％であり、借手はこれを知り得る。

(4) 解約不能のリース期間は5年間であり、リース契約満了後、資産の所有権は無償で当社に帰属する。

(5) リースバック以後の経済的耐用年数は5年である。なお、リース資産の減価償却の計算において、定額法により、リース期間終了時に本来の残存価額を残すように計算すること。

(6) 当該リース取引は、ファイナンス・リース取引に該当する。

■解答欄

表示科目	金　額
リース資産	千円
減価償却累計額	千円
リース債務（流動負債）	千円
リース債務（固定負債）	千円
長期前受収益	千円
固定資産売却益	千円
減価償却費	千円
支払利息	千円

解答・解説　セール・アンド・リースバック取引

表示科目	金　額
リース資産	720,000　千円
減価償却累計額	128,000　千円
リース債務（流動負債）	129,800　千円
リース債務（固定負債）	472,200　千円
長期前受収益	32,000　千円
固定資産売却益	－　千円
減価償却費	120,000　千円
支払利息	72,000　千円

1．×1年4月1日（リース開始時）

(借)	現金預金	720,000	(貸)	備品	800,000
	減価償却累計額	120,000※1		長期前受収益	40,000※2
(借)	リース資産	720,000※3	(貸)	リース債務	720,000

※1　減価償却累計額：800,000（備品取得原価）×90％÷6年＝120,000

※2　長期前受収益：40,000（貸借差額）

※3　リース資産：720,000（売却価額）

2．×2年3月31日（リース料支払日）

①　分析図

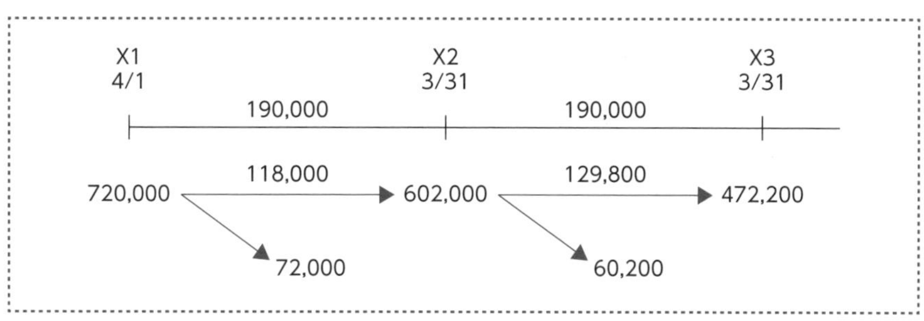

②　仕訳

(借)	リース債務	118,000	(貸)	現金預金	190,000
	支払利息	72,000			

3．×2年3月31日（決算）

① 決算整理仕訳

(借) 減価償却費	128,000	(貸) 減価償却累計額	128,000※1
(借) 長期前受収益	8,000※2	(貸) 減価償却費	8,000

※1 減価償却累計額：{720,000－800,000（当初の取得原価）×10%} ÷５年＝128,000

※2 長期前受収益：40,000÷５年＝8,000

② リース債務の長短分類

流動負債：129,800（翌期返済額）

固定負債：472,200（翌期中に返済しない額）

4．解答の金額

長期前受収益：40,000－8,000＝32,000

固定資産売却益：長期前受収益として繰り延べるため計上されない。

減価償却費：128,000－8,000＝120,000

13-3 理論問題①

重要度 B　／ □　／ □　／ □

次の文章は「リース取引に関する会計基準」及び「リース取引に関する会計基準の適用指針」の一節である。次の各文章の（　　）の中に入る適切な語句を記入しなさい。

(1) （　1　）取引とは、リース契約に基づくリース期間の中途において当該契約を解除することができないリース取引又はこれに準ずるリース取引で、借手が、当該契約に基づき使用する物件からもたらされる経済的利益を実質的に享受することができ、かつ、当該リース物件の使用に伴って生じるコストを実質的に負担することとなるリース取引をいう。（　1　）取引以外のリース取引を、（　2　）という。

(2) （　1　）取引については、通常の（　3　）に係る方法に準じて会計処理を行う。

(3) 所有権移転外（　1　）取引に係るリース資産の減価償却費は、（　4　）を耐用年数として行う。

■解答欄

1		2		3	
4					

第13章 リース会計

解答・解説 理論問題①

1	ファイナンス・リース	2	オペレーティング・リース	3	売買取引
4	リース期間				

(1) (1)ファイナンス・リース取引とは、リース契約に基づくリース期間の中途において当該契約を解除することができないリース取引又はこれに準ずるリース取引で、借手が、当該契約に基づき使用する物件からもたらされる経済的利益を実質的に享受することができ、かつ、当該リース物件の使用に伴って生じるコストを実質的に負担することとなるリース取引をいう。(1)ファイナンス・リース取引以外のリース取引を、(2)オペレーティング・リース取引という。

(2) (1)ファイナンス・リース取引については、通常の(3)売買取引に係る方法に準じて会計処理を行う。

(3) 所有権移転外(1)ファイナンス・リース取引に係るリース資産の減価償却費は、(4)リース期間を耐用年数として行う。

13-4 理論問題②

重要度B　／□　／□　／□

次の文章について、正しいと思うものには○印を、正しくないと思うものには×印を解答欄に記入しなさい。

(1) ファイナンス・リース取引とは、リース契約に基づくリース期間の中途において当該契約を解除することができないリース取引又はこれに準ずるリース取引をいう。

(2) ファイナンス・リース取引の要件の１つとしてフルペイアウトの要件があるが、現在価値基準と経済的耐用年数基準のいずれも満たすものが、フルペイアウトの要件を満たすこととなる。

(3) ファイナンス・リース取引については、原則として通常の売買取引に係る方法に準じて会計処理を行う。すなわち、リース契約の実行時点で、借手はリース物件の使用により経済的利益を享受する権利を得たのであるから、これを資産に計上するとともに、リース料を払い続ける義務を負担するのであるから、これを負債に計上する。

(4) ファイナンス・リース取引について、リース資産の計上額は原則として貸手の購入価額（これが判明しない場合は、見積現金購入価額）とする。

(5) オペレーティング・リース取引及び所有権移転外ファイナンス・リース取引は、通常の賃貸借取引に係る方法に準じて会計処理をしなければならない。

(6) 所有権移転外ファイナンス・リース取引に係るリース物件の減価償却費相当額は、リース期間を耐用年数とし、残存価額をゼロとして算定する。

(7) ファイナンス・リース取引に関して、リース債務は、貸借対照表上、固定負債の部に計上する。

(8) リース料にリース物件の維持管理費用相当額が含まれる場合、当該金額は割引現在価値の算定に当たり、リース料総額から控除する。

■解答欄

1		2		3		4		5		6	
7		8									

解答・解説　理論問題②

1	×	2	×	3	○	4	×	5	×	6	○
7	×	8	○								

(1) 誤り

ファイナンス・リース取引とは、リース契約に基づくリース期間の中途において当該契約を解除することができないリース取引又はこれに準ずるリース取引で、借手が、当該契約に基づき使用する物件からもたらされる経済的利益を実質的に享受することができ、かつ、当該リース物件の使用に伴って生じるコストを実質的に負担することとなるリース取引をいう。

(2) 誤り

現在価値基準と経済的耐用年数基準のいずれかを満たすものが、フルペイアウトの要件を満たすこととなる。

(3) 正しい

(4) 誤り

リース資産及びリース債務の計上額は次のとおりである。

<table>
<tr><th rowspan="2"></th><th colspan="2">借手においてリース物件の貸手の購入価額が</th></tr>
<tr><th>明らかな場合</th><th>明らかでない場合</th></tr>
<tr><td>所有権移転ＦＬ</td><td>貸手の購入価額</td><td rowspan="2">① リース料総額の割引現在価値
② 見積現金購入価額
上記のいずれか低い額</td></tr>
<tr><td>所有権移転外ＦＬ</td><td>① リース料総額の割引現在価値
② 貸手の購入価額
上記のいずれか低い額</td></tr>
</table>

(5) 誤り

ファイナンス・リース取引については、通常の売買取引に係る方法に準じて会計処理を行う。

(6) 正しい

(7) 誤り

リース債務については、貸借対照表日後１年以内に支払の期限が到来するものは流動負債に属するものとし、貸借対照表日後１年を超えて支払の期限が到来するものは固定負債に属するものとする。

(8) 正しい

第14章

研究開発費・ソフトウェア

14-1 研究開発費

重要度B　／□　／□　／□

以下の資料に基づき、決算整理後残高試算表を作成しなさい。

1．決算整理前残高試算表

残　高　試　算　表　（単位：円）

備品	90,000	減価償却累計額	45,000
仮払金	95,000		

2．決算整理事項等

(1) 当社は当期首に研究開発目的で以下の支出を行ったが、支出額を仮払金勘定で処理している。

給料　20,000円　　備品　45,000円　ソフトウェア　30,000円

※１　上記備品は研究開発終了後に、他の日的に転用するものである。

※２　上記ソフトウェアは特定の研究開発目的にのみ利用できるものである。

(2) 備品の減価償却は、定額法、耐用年数６年、残存価額ゼロで実施している。

(3) 決算整理前残高試算表に計上されている備品は、事務用備品である。

■解答欄

後T／B　（単位：円）

解答・解説　研究開発費

後T／B　(単位：円)

借方	金額	貸方	金額
備品	135,000	減価償却累計額	67,500
減価償却費	15,000		
研究開発費	57,500		

1．仮払金

(借)	備品	45,000※1	(貸)	仮払金	95,000
	研究開発費	50,000※2			

※1　他の目的に転用できる固定資産の購入代金は、資産として計上し、減価償却費を研究開発費とする。

※2　研究開発費：20,000（給料）＋30,000（ソフトウェア）＝50,000

2．減価償却

(借)	減価償却費	15,000※1	(貸)	減価償却累計額	22,500
	研究開発費	7,500※2			

※1　減価償却費：90,000（前T/B備品）÷６年＝15,000

※2　研究開発費：45,000（研究開発用備品）÷６年＝7,500

3．解答の金額

備品：90,000（前T/B）＋45,000（研究開発用備品）＝135,000

減価償却累計額：45,000（前T/B）＋22,500（当期の減価償却）＝67,500

14-2 市場販売目的のソフトウェア

重要度B ／□ ／□ ／□

次の資料に基づいて、第２年度の財務諸表計上額を求めなさい。なお、計算上端数が生じる場合には千円未満を四捨五入することとする。

1．無形固定資産として計上されたソフトウェア制作費の総額　450,000千円
2．当該ソフトウェアの見込有効期間　３年
3．ソフトウェアの償却は見込販売収益に基づいて行う。
4．販売開始時における総見込販売数量及び総見込販売収益

	各年度の見込販売数量	販売開始時の総見込販売数量及び各年度末の見込販売数量	各年度の見込販売単価	各年度の見込販売収益	販売開始時の総見込販売収益及び各年度末の見込販売収益
販売開始時	−	5,000個	−	−	1,050,000千円
第１年度	1,500個	3,500個	300千円	450,000千円	600,000千円
第２年度	2,500個	1,000個	200千円	500,000千円	100,000千円
第３年度	1,000個	−	100千円	100,000千円	−

5．販売初年度は見込みどおりに販売されていたが、第１年度末において、第２年度及び第３年度の見込販売数量・見込販売収益は次のとおり減少することとなった。なお、第２年度以降の実績は、見込と一致していた。

	各年度の見込販売数量	各年度末の見込販売数量	各年度の見込販売単価	各年度の見込販売収益	各年度末の見込販売収益
第１年度	−	1,000個	−	−	178,000千円
第２年度	800個	200個	200千円	160,000千円	18,000千円
第３年度	200個	−	90千円	18,000千円	−

■解答欄

ソフトウェア償却	千円
ソフトウェア	千円

解答・解説 市場販売目的のソフトウェア

ソフトウェア償却	160,000　千円
ソフトウェア	18,000　千円

1．第1年度

(借)	ソフトウェア償却	金額	(貸)	ソフトウェア	金額
(借)	ソフトウェア償却	192,857※1	(貸)	ソフトウェア	192,857
(借)	ソフトウェア償却	79,143※2	(貸)	ソフトウェア	79,143

※1　ソフトウェア償却

①　見込販売収益によるソフトウェア償却

$$450{,}000\text{（取得原価）} \times \frac{450{,}000\text{（実績販売収益）}}{1{,}050{,}000\text{（見込販売収益）}} \fallingdotseq 192{,}857$$

②　残存有効期間に基づくソフトウェア償却

450,000（取得原価）÷3年（残存有効期間）＝150,000

③　ソフトウェア償却

①と②のうち大きい額　192,857

また、この結果、ソフトウェアの未償却残高は257,143（＝450,000－192,857）となる。

※2　未償却残高257,143が翌期以降の見込販売収益178,000を上回るため、当該超過額について償却を行う。

ソフトウェア償却：257,143（未償却残高）－178,000（翌期以降の見込販売収益）＝79,143

この結果、ソフトウェアの未償却残高は178,000（＝257,143－79,143）となる。

2．第2年度

(借)	ソフトウェア償却	金額	(貸)	ソフトウェア	金額
(借)	ソフトウェア償却	160,000※1	(貸)	ソフトウェア	160,000

※1　ソフトウェア償却

①　見込販売収益によるソフトウェア償却

$$178{,}000\text{（未償却残高）} \times \frac{160{,}000\text{（実績販売収益）}}{178{,}000\text{（見込販売収益）}} = 160{,}000$$

②　残存有効期間に基づくソフトウェア償却

178,000（未償却残高）÷2年（残存有効期間）＝89,000

③　ソフトウェア償却

①と②のうち大きい額　160,000

また、この結果、ソフトウェアの未償却残高は18,000（＝178,000－160,000）となる。

14-3 自社利用目的のソフトウェア

重要度A　／□　／□　／□

次の資料に基づいて、第２年度の財務諸表計上額を求めなさい。

1．第１年度首に自社利用目的のソフトウェアを240,000千円で取得した。なお、取得時における当該ソフトウェアの見込利用可能期間は５年である。
2．第１年度末に当該ソフトウェアの利用可能期間の見直しを行い、第２年度以降の残存利用可能期間が３年であることが判明した
3．ソフトウェアの償却方法については定額法による。

■解答欄

ソフトウェア償却	千円
ソフトウェア	千円

解答・解説　自社利用目的のソフトウェア

ソフトウェア償却	64,000　千円
ソフトウェア	128,000　千円

1．第１年度の償却

(借) ソフトウェア償却	48,000※1	(貸) ソフトウェア	48,000

※1　ソフトウェア償却：240,000（取得原価）÷５年（見直し前の見込利用可能期間）＝48,000

2．第２年度の償却

(借) ソフトウェア償却	64,000※1	(貸) ソフトウェア	64,000

※1　ソフトウェア償却：192,000（未償却残高※2）÷３年（見直し後の残存利用可能期間）＝64,000
※2　未償却残高：240,000（取得原価）－48,000（第１年度償却）＝192,000

3．解答の金額

ソフトウェア：240,000（取得原価）－48,000（第１年度償却）－64,000（第２年度償却）＝128,000

14-4 理論問題

重要度B　／□　／□　／□

次の文章について、正しいと思うものには○印を、正しくないと思うものには×印を解答欄に記入しなさい。

(1) 市場販売目的のソフトウェアの制作に係る費用のうち、研究開発に係る費用は、研究開発費として当期の費用として処理する。

(2) 特定の研究開発目的にのみ使用され、他の目的に使用できない機械装置を取得した場合の原価は資産に計上し、その償却費を研究開発費として処理する。

(3) 受注制作のソフトウェアの制作費は、請負工事の会計処理に準じて処理する。

(4) 市場販売目的のソフトウェアの制作に係る費用のうち、製品マスターの機能維持に要した費用は、資産として計上する。

(5) 自社利用のソフトウェアを購入した場合、その取得に要した費用はすべて無形固定資産として資産の部に計上する。

(6) 製品マスターの機能の改良・強化のための費用は、発生時の費用とする。ただし、著しい改良に要した費用はソフトウェアとして資産計上する。

(7) ソフトウェアの減価償却は、見込販売数量に基づく償却方法その他合理的な方法により行われるが、毎期の償却額は、残存有効期間に基づく均等配分額を上回ってはならない。

(8) 研究開発費に該当する費用のうち、将来の収益獲得が確実と見込める場合は、当該金額を資産計上することができる。

■解答欄

1		2		3		4		5		6	
7		8									

解答・解説　理論問題

1	○	2	×	3	○	4	×	5	×	6	×
7	×	8	×								

(1)　正しい

(2)　誤り

特定の研究開発目的にのみ使用され、他の目的に使用できない機械装置や特許権等を取得した場合の原価は、取得時の研究開発費とする。

(3)　正しい

(4)　誤り

製品マスターの機能維持に要した費用は、発生時の費用として処理する。

(5)　誤り

自社利用目的のソフトウェアについては、将来の収益獲得又は費用削減が確実であると認められない場合には資産計上できない（費用処理する)。

(6)　誤り

機能の改良・強化のための費用は、ソフトウェアとして資産計上する。ただし、著しい改良に要した費用は研究開発費として処理する。

(7)　誤り

毎期の償却額は、残存有効期間に基づく均等配分額を下回ってはならない。

(8)　誤り

研究開発費は、すべて発生時に費用として処理しなければならない。

第15章

減損会計

15-1 減損損失の認識及び測定

重要度A ＿／□ ＿／□ ＿／□

以下の場合における、減損損失計上の仕訳及び翌期の減価償却費計上の仕訳を示しなさい。なお、割引率は10％とし、計算上円未満の端数が生じた場合には、四捨五入すること。また、機械の減価償却は、定額法、残存価額：当初の取得原価の10％、耐用年数：５年で実施しており、減損処理後も当該条件に変更はないものとする。

問１

(1) 保有中の機械（取得原価468,750円、期末減価償却累計額168,750円）について、減損の兆候がみられる。なお、当該機械の現時点での正味売却価額は240,000円と見積られる。

(2) 当該機械に関する将来キャッシュ・フローを当期末に予測したところ、経済的残存使用年数の将来キャッシュ・フローは以下のとおりであった。

１年目	２年目	３年目	３年後の売却価額
100,000円	80,000円	133,125円	46,875円

問２

(1) 保有中の機械（取得原価468,750円、期末減価償却累計額168,750円）について、減損の兆候がみられる。なお、当該機械の現時点での正味売却価額は200,000円と見積られる。

(2) 当該機械に関する将来キャッシュ・フローを当期末に予測したところ、経済的残存使用年数の将来キャッシュ・フローは以下のとおりであった。

１年目	２年目	３年目	３年後の売却価額
80,000円	70,000円	98,125円	46,875円

■解答欄

問１ （単位：円）

（借）			（貸）		
（借）			（貸）		

問２ （単位：円）

（借）			（貸）		
（借）			（貸）		

解答・解説　減損損失の認識及び測定

問1

（単位：円）

（借）	仕訳なし		（貸）		
（借）	減価償却費	84,375	（貸）	減価償却累計額	84,375

問2

（単位：円）

（借）	減損損失	60,481	（貸）	機械	60,481
（借）	減価償却費	64,215	（貸）	減価償却累計額	64,215

問1

1．割引前将来キャッシュ・フローの算定

100,000（１年目）＋80,000（２年目）＋133,125（３年目）＋46,875（３年後の売却価額）＝360,000

2．減損損失を認識するかどうかの判定

割引前将来キャッシュ・フローの合計360,000 ＞ 帳簿価額300,000

∴　減損損失を認識しない。

3．翌期の減価償却費の算定

468,750×90%÷５年＝84,375

問2

1．割引前将来キャッシュ・フローの算定

80,000（１年目）＋70,000（２年目）＋98,125（３年目）＋46,875（３年後の売却価額）＝295,000

2．減損損失を認識するかどうかの判定

割引前将来キャッシュ・フローの合計295,000 ＜ 帳簿価額300,000

∴　減損損失を認識する。

3．減損損失の測定

(1)　使用価値の算定

80,000（１年目）÷1.1＋70,000（２年目）÷1.1^2＋{98,125（３年目）＋46,875（３年後の売却価額）}÷1.1^3≒239,519

(2)　回収可能価額の算定

正味売却価額200,000 ＜ 使用価値239,519

∴　回収可能価額は239,519

(3)　減損損失

300,000（帳簿価額）－239,519（回収可能価額）＝60,481

4．翌期の減価償却費の算定

{300,000（帳簿価額）－60,481（減損損失）－46,875（残存価額）}÷３年≒64,215

15-2 共用資産①

重要度 B　＿／□　＿／□　＿／□

以下の資料に基づき以下の設問に答えなさい。

1．機械Ａ・Ｂ・Ｃはキャッシュ・フローを生み出す最小の単位であり、それぞれの帳簿価額（当期の減価償却後）は、500円・1,000円・2,000円である。工場用建物は、共用資産であり、機械Ａ・Ｂ・Ｃのキャッシュ・フローを生み出すことに貢献しており、帳簿価額（当期の減価償却後）は1,500円である。
2．機械Ｂ・Ｃ及び工場用建物には、減損の兆候が把握される。共用資産に係る減損処理は、共用資産を含むより大きな単位に基づき行なう方法による。
3．工場用建物の正味売却価額は、800円である。
4．計算上、小数点以下の端数が生じた場合には、小数点以下を四捨五入すること。

＜その他のデータ＞

	機械Ａ	機械Ｂ	機械Ｃ	建物	より大きな単位
帳簿価額	500円	1,000円	2,000円	1,500円	5,000円
割引前将来ＣＦ	Ｎ/Ａ	1,200円	1,800円	－	4,000円
回収可能価額	Ｎ/Ａ	Ｎ/Ａ	1,100円	－	?

※　N/Aは該当無しを意味する。

問1　より大きな単位の回収可能価額が3,500円の場合の減損処理の仕訳を示しなさい。

問2　より大きな単位の回収可能価額が3,000円の場合の減損処理の仕訳を示しなさい。なお、機械Ｃ以外の回収可能価額は、容易に把握することができないため、減損損失は、回収可能価額を下回らないように各資産グループの帳簿価額に基づいて按分すること。

■解答欄

問1

（単位：円）

（借）			（貸）		

問2

（単位：円）

（借）			（貸）		

解答・解説 共用資産①

問1

（単位：円）

（借）	減損損失	1,500	（貸）	建物	600
				機械C	900

問2

（単位：円）

（借）	減損損失	2,000	（貸）	建物	700
				機械A	133
				機械B	267
				機械C	900

問1

1．各資産の減損損失の測定及び判定

	機械A	機械B	機械C	建物	より大きな単位
帳簿価額	500	1,000	2,000	1,500	5,000
減損の兆候の有無	なし	あり	あり	あり	
割引前将来CF	N/A	1,200	1,800		
減損損失の認識		しない	する		
回収可能価額	N/A	N/A	1,100		
減損損失			△900		
減損後帳簿価額	500	1,000	1,100		

2．共用資産を含むより大きな単位での減損損失の判定及び測定

	機械A	機械B	機械C	建物	より大きな単位
帳簿価額	500	1,000	2,000	1,500	5,000
減損の兆候の有無					あり
割引前将来CF					4,000
減損損失の認識					する
回収可能価額					3,500
減損損失					△1,500
減損損失増加額					△600

3．共用資産を加えたことによる減損損失の増加額の按分

共用資産を加えたことによる減損損失の増加額600は、共用資産の帳簿価額と正味売却価額の差額を限度として配分する。

1,500（共用資産の帳簿価額）－800（共用資産の正味売却価額）＝700

∴　増加額600は全額共用資産に配分する。

4．減損損失計上後の帳簿価額

機械A：500

機械B：1,000

機械C：2,000－900（機械Cの減損損失）＝1,100

建物：1,500－600（共用資産の減損損失）＝900

問2

1．各資産の減損損失の測定及び判定

	機械A	機械B	機械C	建物	より大きな単位
帳簿価額	500	1,000	2,000	1,500	5,000
減損の兆候の有無	なし	あり	あり	あり	
割引前将来CF	N/A	1,200	1,800		
減損損失の認識		しない	する		
回収可能価額	N/A	N/A	1,100		
減損損失			△900		
減損後帳簿価額	500	1,000	1,100		

2．共用資産を含むより大きな単位での減損損失の判定及び測定

	機械A	機械B	機械C	建物	より大きな単位
帳簿価額	500	1,000	2,000	1,500	5,000
減損の兆候の有無					あり
割引前将来CF					4,000
減損損失の認識					する
回収可能価額					3,000
減損損失					△2,000
減損損失の増加額					△1,100

3．共用資産を加えたことによる減損損失の増加額の按分

共用資産を加えたことによる減損損失の増加額1,100は、共用資産の帳簿価額と正味売却価額との差額を限度として配分する。

1,500（共用資産の帳簿価額）－800（共用資産の正味売却価額）＝700

∴　増加額1,100は、700を共用資産に配分し、残額の400は帳簿価額を基準に各資産に按分する。ただし、機械Cは回収可能価額まで減損損失を負担しているため、問題文の「回収可能価額を下回らないように」という指示に従い、減損損失を追加で按分することはしない（より大きな単位での減損損失は2,000であるが、このうち700は共用資産に、900は機械Cに配分するため、残額400は機械A・Bに配分せざるを得ない。機械AとBは、資産グループ単体では減損損失の認識対象となっていないが、本問のような場合、共用資産を含めると認識対象となる点に留意すること）。

機械A：400×機械A500/（機械A500＋機械B1,000）≒133

機械B：400×機械B1,000/（機械A500＋機械B1,00≒267

4．減損損失計上後の帳簿価額

機械A：500－133（減損損失配分額）＝367

機械B：1,000－267（減損損失配分額）＝733

機械C：2,000－900（機械Cの減損損失）＝1,100

建物：1,500－700（共用資産の減損損失）＝800

15-3 共用資産②

重要度B　／□　／□　／□

以下の資料に基づき減損損失に係る決算整理仕訳を示しなさい。

1．機械A・B・Cはキャッシュ・フローを生み出す最小の単位であり、それぞれの帳簿価額（当期の減価償却後）は、500円・1,000円・2,000円である。工場用建物は、共用資産であり、機械A・B・Cのキャッシュ・フローを生み出すことに貢献しており、帳簿価額（当期の減価償却後）は1,400円である。
2．共用資産に係る減損処理の方法は、共用資産の帳簿価額を各資産の帳簿価額を基準に各資産に配分する方法による。
3．機械B・C及び工場用建物には、減損の兆候が把握される。
4．減損損失の按分は、各資産の帳簿価額に基づき行う。
5．計算上、小数点以下の端数が生じた場合には、小数点以下を四捨五入すること。

＜その他のデータ＞

	機械A	機械B	機械C	建物
帳簿価額	500円	1,000円	2,000円	1,400円
割引前将来CF	N/A	1,300円	1,800円	－
回収可能価額	N/A	1,050円	1,200円	－

■解答欄

（単位：円）

（借）			（貸）		

解答・解説 共用資産②

（単位：円）

（借）	減　損　損　失	1,950	（貸）	建　　物	557
				機　械　B	250
				機　械　C	1,143

1．各資産の減損損失の測定及び判定

問題文の２．の指示があるため、例外法により減損処理を行う。

	機械A	機械B	機械C	建物
帳簿価額	500	1,000	2,000	1,400
共用資産の帳簿価額	200	400	800	△1,400
配分後の帳簿価額	700	1,400	2,800	
減損の兆候の有無	なし	あり	あり	
割引前将来ＣＦ	N/A	1,300	1,800	
減損損失の認識		する	する	
回収可能価額	N/A	1,050	1,200	
減損損失		△350	△1,600	
減損後帳簿価額	700	1,050	1,200	

2．減損損失の按分

① 機械B

機械Ｂ：350×機械B1,000/配分後帳簿価額1,400＝250

建物：350×建物400/配分後帳簿価額1,400＝100

② 機械C

機械Ｃ：1,600×機械C2,000/配分後帳簿価額2,800≒1,143

建物：1,600×建物800/配分後帳簿価額2,800≒457

3．減損損失計上後の帳簿価額

機械Ａ：500

機械Ｂ：1,000－250（減損損失配分額）＝750

機械Ｃ：2,000－1,143（減損損失配分額）＝857

建物：1,400－100（減損損失配分額）－457（減損損失配分額）＝843

15-4 理論問題①

重要度B　／□　／□　／□

次の各文章の（　　）の中に入る適切な語句を記入しなさい。

(1) 資産又は資産グループに減損が生じている可能性を示す事象（以下（　1　）という。）がある場合には、当該資産又は資産グループについて、減損損失を認識するかどうかの判定を行う。

(2) （　1　）のある資産又は資産グループについて減損損失を認識するかどうかの判定は,資産又は資産グループから得られる（　2　）将来キャッシュ・フローの総額と（　3　）を比較することによって行い、資産又は資産グループから得られる（　2　）将来キャッシュ・フローの総額が（　3　）を下回る場合には、減損損失を認識する。

(3) 減損損失を認識すべきであると判定された資産又は資産グループについては,（　3　）を（　4　）まで減額し、当該減少額を減損損失として当期の損失とする。

(4) （　4　）とは,資産又は資産グループの（　5　）と使用価値のいずれか（　6　）い方の金額をいう。

(5) （　7　）とは、複数の資産又は資産グループの将来キャッシュ・フローの生成に寄与する資産のうち、のれん以外のものをいう。

■解答欄

1		2		3	
4		5		6	
7					

第15章　減損会計

解答・解説　理論問題①

1	減損の兆候	2	割引前	3	帳簿価額
4	回収可能価額	5	正味売却価額	6	高
7	共用資産				

(1)　資産又は資産グループに減損が生じている可能性を示す事象（以下(1)減損の兆候という。）がある場合には、当該資産又は資産グループについて、減損損失を認識するかどうかの判定を行う。

(2)　(1)減損の兆候のある資産又は資産グループについて減損損失を認識するかどうかの判定は,資産又は資産グループから得られる(2)割引前将来キャッシュ・フローの総額と(3)帳簿価額を比較することによって行い、資産又は資産グループから得られる(2)割引前将来キャッシュ・フローの総額が(3)帳簿価額を下回る場合には、減損損失を認識する。

(3)　減損損失を認識すべきであると判定された資産又は資産グループについては、(3)帳簿価額を(4)回収可能価額まで減額し、当該減少額を減損損失として当期の損失とする。

(4)　(4)回収可能価額とは、資産又は資産グループの(5)正味売却価額と使用価値のいずれか(6)高い方の金額をいう。

(5)　(7)共用資産とは、複数の資産又は資産グループの将来キャッシュ・フローの生成に寄与する資産のうち、のれん以外のものをいう。

15-5 理論問題②

重要度B　／□　／□　／□

次の文章について、正しいと思うものには○印を、正しくないと思うものには×印を解答欄に記入しなさい。

(1) 減損の兆候がある資産又は資産グループについては、減損損失を認識することとなる。

(2) 減損損失の金額は、帳簿価額と、正味売却価額と使用価値のうちいずれか低い金額との差額として計算される。

(3) 使用価値とは、資産の継続的使用から生ずるキャッシュ・フローと使用後の処分によって生ずるキャッシュ・フローの現在価値をいう。

(4) 共用資産を含む、より大きな単位において減損損失を測定した場合、共用資産を加えることによって算定された減損損失の増加額は、合理的な基準により各資産又は資産グループに配分する。

(5) 複数の資産又は資産グループの将来キャッシュ・フローの生成に寄与する資産は、グルーピングができないため、減損損失の認識は行わない。

(6) 資産グループについて認識された減損損失は、当該資産グループの各資産の帳簿価額に基づく比例配分等の合理的な方法により、当該資産グループの各構成資産に配分する。

(7) 減損損失を計上した資産の貸借対照表における表示は、原則として、減損処理前の取得原価から減損損失を直接控除し、控除後の金額をその後の取得原価とする形式で行う。

■解答欄

1		2		3		4		5		6	
7											

第15章 減損会計

解答・解説 理論問題②

1	×	2	×	3	○	4	×	5	×	6	○
7	○										

⑴ 誤り

減損の兆候がある資産又は資産グループは、減損損失を認識するかどうかの判定を行う。よって、減損の兆候があるからといって、必ずしも減損損失を認識するとは限らない。

⑵ 誤り

減損損失の金額は、帳簿価額と回収可能価額との差額として計算されるが、その回収可能価額は正味売却価額と使用価値のいずれか高い方の金額をいう。

⑶ 正しい

⑷ 誤り

共用資産を加えることによって算定される減損損失の増加額は、原則として、共用資産に配分する。そのうえで、共用資産に配分される減損損失が、共用資産の帳簿価額と正味売却価額の差額を超過することが明らかな場合には、当該超過額を合理的な基準により各資産又は資産グループに配分する。

⑸ 誤り

複数の資産又は資産グループの将来キャッシュ・フローの生成に寄与する資産は共用資産（またはのれん）である。共用資産やのれんについても、減損会計を適用し、減損損失を認識する。

⑹ 正しい

⑺ 正しい

第16章

税金及び税効果会計

16-1 一時差異・永久差異

重要度A　／□　／□　／□

次の資料に基づき、当期の財務諸表を作成しなさい。なお、マイナスの記号が必要な場合は金額の前に△を付すこと。また、該当する金額がない場合「－」とすること。

1．決算整理前残高試算表

残　高　試　算　表

繰延税金資産	?	

2．前期末及び当期末の一時差異及び永久差異

(1)　一時差異

	前期末	当期末
棚卸資産の評価損損金不算入額	1,400千円	1,200千円
未払事業税の損金不算入額	3,600千円	4,200千円
貸倒引当金の繰入限度超過額	1,200千円	1,500千円
賞与引当金の損金不算入額	7,000千円	7,600千円
減価償却費の損金算入限度超過額	12,000千円	11,000千円

(2)　永久差異

	前期末	当期末
交際費の損金不算入額	900千円	1,100千円
寄付金の損金算入限度超過額	300千円	800千円
罰科金の損金不算入額	200千円	300千円
受取配当金の益金不算入額	1,000千円	2,000千円

3．税法上の課税所得に対応する法人税、住民税及び事業税は48,040千円である。

4．法定実効税率は40%である。

■解答欄

損　益　計　算　書　（単位：千円）

税引前当期純利益		120,000
法人税、住民税及び事業税	48,040	
法人税等調整額	(　　　)	(　　　)
当期純利益		(　　　)

貸　借　対　照　表　（単位：千円）

Ⅱ 固定資産		Ⅱ 固定負債	
繰延税金資産	(　　　)	繰延税金負債	(　　　)

解答・解説 一時差異・永久差異

損益計算書		(単位：千円)
税引前当期純利益		120,000
法人税、住民税及び事業税	48,040	
法人税等調整額	△ 120	47,920
当期純利益		72,080

貸借対照表			(単位：千円)
Ⅱ 固定資産		Ⅱ 固定負債	
繰延税金資産	10,200	繰延税金負債	−

1．分析

	前期末		当期末
棚卸資産	1,400		1,200
未払事業税	3,600		4,200
貸倒引当金	1,200		1,500
賞与引当金	7,000		7,600
減価償却費	12,000		11,000
将来減算一時差異	25,200		25,500
DTA	10,080	+120	10,200

※ 永久差異は税効果会計を適用しないため、差異分析は不要となる。

2．決算整理前残高試算表の繰延税金資産の金額

税効果の仕訳は決算で行うため、前期末計上額の10,080が前T/Bの金額となる。

3．決算整理仕訳

(借) 繰延税金資産	120※1	(貸) 法人税等調整額	120

※1 繰延税金資産：10,200（当期末ＤＴＡ※2）－10,080（前期末ＤＴＡ※3）＝120
※2 当期末ＤＴＡ：25,500（当期末将来減算一時差異）×40%（税率）＝10,200
※3 前期末ＤＴＡ：25,200（前期末将来減算一時差異）×40%（税率）＝10,080

4．解答の金額

法人税等調整額：△120（上記3．参照）

※ 法人税等調整額（貸方）は法人税等をマイナス調整するため、△の記号を付す。

繰延税金資産：25,500（当期末将来減算一時差異）×40%（税率）＝10,200
繰延税金負債：0

16-2 一時差異の算定

重要度A　／□　／□　／□

次の資料に基づき、解答欄に示した各金額を答えなさい。なお、マイナスの記号が必要な場合は金額の前に△を付すこと。

1．貸借対照表（単位：千円）

	前期末	当期末		前期末	当期末
Ⅰ 流動資産			Ⅱ固定負債		
売　掛　金	50,000	40,000	退職給付引当金	70,000	111,000
貸倒引当金	△1,000	△800			
Ⅱ 固定資産					
建　　物	100,000	100,000			
減価償却累計額	△25,000	△31,250			
繰延税金資産	?	?			

2．会計処理

(1) 貸倒引当金は会計上、売掛金残高に対して２％を設定している。

(2) 建物の減価償却は、耐用年数16年、残存価額ゼロ、定額法により実施している。なお、前期末において、取得してから４年経過している。

(3) 当社は内部積立型の退職一時金制度を採用している。

3．税法上の処理

(1) 税法上、貸倒引当金は全額否認される。

(2) 税法上、建物の減価償却は、耐用年数20年、残存価額ゼロ、定額法により行う。

(3) 税法上、退職一時金の支給時に損金算入される。

4．法定実効税率は30％とする。

■解答欄

当期の損益計算書に計上される法人税等調整額	千円
前期末の貸借対照表に計上される繰延税金資産	千円
当期末の貸借対照表に計上される繰延税金資産	千円

解答・解説 一時差異の算定

当期の損益計算書に計上される法人税等調整額	△12,615　千円
前期末の貸借対照表に計上される繰延税金資産	22,800　千円
当期末の貸借対照表に計上される繰延税金資産	35,415　千円

1．分析

	前期末		当期末
貸倒引当金	1,000※1		800※1
減価償却費	5,000※2		6,250※2
退職給付引当金	70,000※3		111,000※3
将来減算一時差異	76,000		118,050
D　T　A	22,800	+12,615	35,415

※1　貸倒引当金は全額否認であるため、会計上の貸倒引当金の金額が一時差異となる。
※2　減価償却費
　前期末一時差異：25,000（会計上）－100,000（建物取得原価）÷20年（税法上償却年数）×４年（前期末経過年数）＝5,000
　当期末一時差異：31,250（会計上）－100,000（建物取得原価）÷20年（税法上償却年数）×５年（当期末経過年数）＝6,250
※3　退職給付引当金は全額否認であるため、会計上の退職給付引当金の金額が一時差異となる。

2．決算整理仕訳

（借）繰延税金資産	12,615※1	（貸）法人税等調整額	12,615

※1　繰延税金資産：35,415（当期末ＤＴＡ※2）－22,800（前期末ＤＴＡ※3）＝12,615
※2　当期末ＤＴＡ：118,050（当期末将来減算一時差異）×30％（税率）＝35,415
※3　前期末ＤＴＡ：76,000（前期末将来減算一時差異）×30％（税率）＝22,800

3．解答の金額

法人税等調整額：△12,615（上記２．参照）
繰延税金資産（前期末）：76,000（前期末将来減算一時差異）×30％（法定実効税率）＝22,800
繰延税金資産（当期末）：118,050（当期末将来減算一時差異）×30％（法定実効税率）＝35,415

16-3 その他有価証券に対する税効果(全部純資産直入法) 重要度A ／□ ／□ ／□

次の資料に基づき、当期の財務諸表を作成しなさい。なお、マイナスの記号が必要な場合は金額の前に△を付すこと。また、該当する金額がない場合「－」とすること。

1．前期末及び当期末の一時差異

	前期末	当期末
未払事業税	4,000千円	3,600千円
貸倒引当金	1,500千円	500千円
減価償却費	40,000千円	41,000千円
退職給付引当金	25,000千円	25,200千円
投資有価証券	？ 千円	？ 千円

※ 当社は前期以前にその他有価証券を100,000千円で取得している。なお、当期末時点まで売却はしていない。また、その他有価証券の会計処理は全部純資産直入法を採用しており、前期末の時価は90,000千円、当期末の時価は180,000千円である。

2．法定実効税率は40％である

■解答欄

損益計算書 (単位：千円)

税引前当期純利益		120,000
法人税、住民税及び事業税	47,920	
法人税等調整額	(　　　)	(　　　)
当期純利益		(　　　)

貸借対照表 (単位：千円)

Ⅱ 固定資産		Ⅱ 固定負債	
繰延税金資産	(　　　)	繰延税金負債	(　　　)
		純資産の部	
		Ⅱ 評価・換算差額等	
		その他有価証券評価差額金	(　　　)

解答・解説　その他有価証券に対する税効果（全部純資産直入法）

損　益　計　算　書　（単位：千円）

税引前当期純利益		120,000
法人税、住民税及び事業税	47,920	
法人税等調整額	80	48,000
当期純利益		72,000

貸　借　対　照　表　（単位：千円）

Ⅱ 固定資産		Ⅱ 固定負債	
繰延税金資産	—	繰延税金負債	3,880
		純資産の部	
		Ⅱ 評価・換算差額等	
		その他有価証券評価差額金	48,000

1．分析

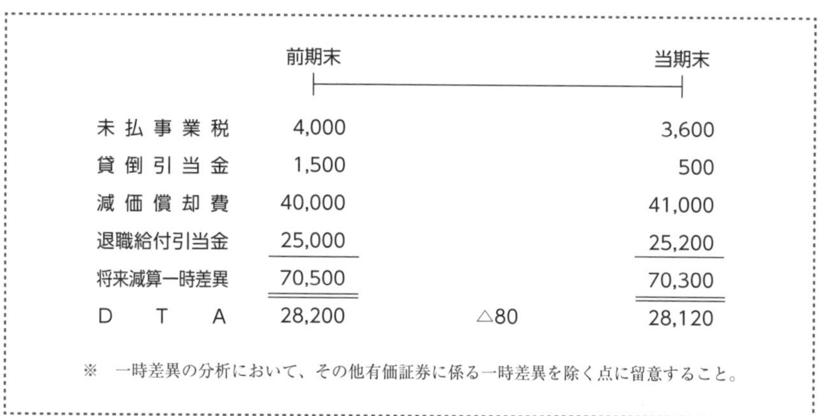

	前期末		当期末
未払事業税	4,000		3,600
貸倒引当金	1,500		500
減価償却費	40,000		41,000
退職給付引当金	25,000		25,200
将来減算一時差異	70,500		70,300
D　T　A	28,200	△80	28,120

※　一時差異の分析において、その他有価証券に係る一時差異を除く点に留意すること。

2．決算整理仕訳

(1)　法人税等調整額の計上

(借) 法人税等調整額	80	(貸) 繰延税金資産	80※1

※1　繰延税金資産：28,120（当期末ＤＴＡ※2）－28,200（前期末ＤＴＡ※3）＝△80

※2　当期末ＤＴＡ：70,300（当期末将来減算一時差異）×40%（税率）＝28,120

※3　前期末ＤＴＡ：70,500（前期末将来減算一時差異）×40%（税率）＝28,200

(2)　その他有価証券の時価評価

(借) 投資有価証券	80,000	(貸) 繰延税金負債	32,000※1
		その他有価証券評価差額金	48,000※2

※1　繰延税金負債：{180,000（当期末時価）－100,000（取得原価）}×40%（税率）＝32,000

※2　その他有価証券評価差額金：{180,000（当期末時価）－100,000（取得原価）}×{1－40%（税率）}＝48,000

当期首の洗替処理は解答に影響がない(前期末に計上した繰延税金資産を、当期首の洗替処理で減額させる結果、当期末の貸借対照表計上額には影響を与えない)ため、解説では省略している。

第16章　税金及び税効果会計

3．貸借対照表の表示

ＤＴＡ	ＤＴＬ	純額
28,120※1	32,000※2	3,880（負債）※3

※1　ＤＴＡ：70,300（当期末将来減算一時差異）×40％（税率）＝28,120

※2　ＤＴＬ：32,000（その他有価証券）

※3　貸借対照表において、繰延税金資産と繰延税金負債は相殺して表示する。

4．解答の金額

法人税等調整額：80（上記2．参照）

※　法人税等調整額（借方）は法人税等をプラス調整するため△の記号は不要となる。

繰延税金資産：0

繰延税金負債：3,880（上記3．参照）

その他有価証券評価差額金：48,000（上記2．参照）

16-4 その他有価証券に対する税効果(部分純資産直入法) 重要度B ＿/□ ＿/□ ＿/□

次の資料に基づき、当期の財務諸表を作成しなさい。なお、マイナスの記号が必要な場合は金額の前に△を付すこと。また、該当する金額がない場合「－」とすること。

1．前期末及び当期末の一時差異

	前期末	当期末
未払事業税	3,000千円	3,600千円
貸倒引当金	2,500千円	1,900千円
減価償却費	37,000千円	38,000千円
退職給付引当金	43,000千円	44,600千円
投資有価証券	? 千円	? 千円

※ 当社は前期以前にその他有価証券を100,000千円で取得している。なお、当期末時点まで売却はしていない。また、その他有価証券の会計処理は部分純資産直入法を採用しており、前期末の時価は110,000千円、当期末の時価は99,000千円である。

2．法定実効税率は40％である。

■解答欄

損益計算書 (単位：千円)

税引前当期純利益		120,000
法人税、住民税及び事業税	49,440	
法人税等調整額	(　　　)	(　　　)
当期純利益		(　　　)

貸借対照表 (単位：千円)

Ⅱ 固定資産		Ⅱ 固定負債	
繰延税金資産	(　　　)	繰延税金負債	(　　　)

第16章 税金及び税効果会計

解答・解説　その他有価証券に対する税効果（部分純資産直入法）

損益計算書		（単位：千円）
税引前当期純利益		120,000
法人税、住民税及び事業税	49,440	
法人税等調整額	△1,440	48,000
当期純利益		72,000

貸借対照表（単位：千円）

Ⅱ 固定資産		Ⅱ 固定負債	
繰延税金資産	35,640	繰延税金負債	―

1．分析

	前期末		当期末
未払事業税	3,000		3,600
貸倒引当金	2,500		1,900
減価償却費	37,000		38,000
退職給付引当金	43,000		44,600
投資有価証券評価損	―		1,000
将来減算一時差異	85,500		89,100
D　T　A	34,200	+1,440	35,640

※　部分純資産直入法を採用している場合、評価差損については他の一時差異と同様に分析を行う。

2．決算整理仕訳

(1)　法人税等調整額の計上

(借) 繰延税金資産	1,440※1	(貸) 法人税等調整額	1,440

※1　繰延税金資産：35,640（当期末ＤＴＡ※2）－34,200（前期末ＤＴＡ※3）＝1,440
※2　当期末ＤＴＡ：89,100（当期末将来減算一時差異）×40％（税率）＝35,640
※3　前期末ＤＴＡ：85,500（前期末将来減算一時差異）×40％（税率）＝34,200

(2)　その他有価証券の時価評価

(借) 投資有価証券評価損益	1,000	(貸) 投資有価証券	1,000

※　投資有価証券評価損：99,000（当期末時価）－100,000（取得原価）＝△1,000

3．解答の金額

法人税等調整額：△1,440（上記2．参照）

繰延税金資産：89,100（当期末将来減算一時差異）×40％（税率）＝35,640

繰延税金負債：0

16-5 圧縮記帳

重要度B ／□ ／□ ／□

次の資料に基づき、当期の財務諸表を作成しなさい。なお、マイナスの記号が必要な場合は金額の前に△を付すこと。また、該当する金額がない場合「－」とすること。

1．前期末及び当期末の一時差異

(1) 将来減算一時差異

	前期末	当期末
未払事業税	5,000千円	6,800千円
貸倒引当金	3,400千円	1,000千円
賞与引当金	1,000千円	2,200千円
退職給付引当金	13,600千円	18,600千円

(2) 将来加算一時差異

	前期末	当期末
その他有価証券の評価差益	8,000千円	4,600千円
固定資産圧縮損	？　千円	？　千円

※　固定資産圧縮損は、前期末に取得した建物50,000千円（減価償却方法：定額法、耐用年数5年、残存価額ゼロ）について、取得時に国庫補助金17,500千円を受け入れており、積立金方式を採用したことによるものである。

2．法定実効税率は30％である。

■解答欄

損　益　計　算　書　　（単位：千円）

税引前当期純利益		265,000
法人税、住民税及び事業税	82,230	
法人税等調整額	(　　)	(　　)
当期純利益		(　　)

貸　借　対　照　表　　（単位：千円）

Ⅱ 固定資産		Ⅱ 固定負債	
繰延税金資産	(　　)	繰延税金負債	(　　)
		純資産の部	
		Ⅰ 株主資本	
		圧縮積立金	(　　)
		Ⅱ 評価・換算差額等	
		その他有価証券評価差額金	(　　)

損益計算書		(単位：千円)
税引前当期純利益		265,000
法人税、住民税及び事業税	82,230	
法人税等調整額	△2,730	79,500
当期純利益		185,500

貸借対照表 (単位：千円)

Ⅱ 固定資産		Ⅱ 固定負債	
繰延税金資産	3,000	繰延税金負債	—
		純資産の部	
		Ⅰ 株主資本	
		圧縮積立金	9,800
		Ⅱ 評価・換算差額等	
		その他有価証券評価差額金	3,220

1．決算整理仕訳

(1) 将来減算一時差異

(借) 繰延税金資産	1,680※1	(貸) 法人税等調整額	1,680

※1 繰延税金資産：8,580（当期末DTA※2）－6,900（前期末DTA※3）＝1,680

※2 当期末DTA：28,600（当期末将来減算一時差異）×30%（税率）＝8,580

※3 前期末DTA：23,000（前期末将来減算一時差異）×30%（税率）＝6,900

	前期末		当期末
未払事業税	5,000		6,800
貸倒引当金	3,400		1,000
賞与引当金	1,000		2,200
退職給付引当金	13,600		18,600
将来減算一時差異	23,000		28,600
DTA	6,900	+1,680	8,580

(2) 将来加算一時差異（圧縮積立金）

① 税効果会計の適用

(借) 繰延税金負債	1,050※1	(貸) 法人税等調整額	1,050

※1 繰延税金負債：4,200（当期末ＤＴＬ※2）－5,250（前期末ＤＴＬ※3）＝△1,050

※2 当期末ＤＴＬ：14,000（当期末将来加算一時差異）×30%（税率）＝4,200

※3 前期末ＤＴＬ：17,500（前期末将来加算一時差異）×30%（税率）＝5,250

② 圧縮積立金の取崩

(借) 圧縮積立金	2,450※1	(貸) 繰越利益剰余金	2,450

※1 圧縮積立金：9,800（当期末積立金※2）－12,250（前期末積立金※3）＝△2,450

※2 当期末積立金：14,000（当期末将来加算一時差異）×{1－30%（税率）}＝9,800

※3 前期末積立金：17,500（前期末将来加算一時差異）×{1－30%（税率）}＝12,250

	前期末		当期末
会計上の資産	50,000	△10,000	40,000
税務上の資産	32,500	△6,500	26,000
将来加算一時差異	17,500		14,000
ＤＴＬ	5,250	△1,050	4,200
圧縮積立金	12,250	△2,450	9,800

(3) 将来加算一時差異（その他有価証券の時価評価）

(借) 投資有価証券	4,600	(貸) 繰延税金負債	1,380※1
		その他有価証券評価差額金	3,220※2

※1 繰延税金負債：4,600（当期末評価差益）×30%（税率）＝1,380

※2 その他有価証券評価差額金：4,600（当期末評価差益）×{1－30%（税率）}＝3,220

2．貸借対照表の表示

ＤＴＡ	ＤＴＬ	純額
8,580※1	5,580※2	3,000（資産）

※1 ＤＴＡ：28,600（当期末将来減算一時差異）×30%（税率）＝8,580

※2 ＤＴＬ：18,600（当期末将来加算一時差異※3）×30%（税率）＝5,580

※3 当期末将来加算一時差異：14,000＋4,600（当期末評価差益）＝18,600

3．解答の金額

法人税等調整額：1,680（貸方）＋1,050（貸方）＝△2,730

繰延税金資産：3,000（上記2．参照）

繰延税金負債：0

圧縮積立金：14,000（当期末将来加算一時差異）×{1－30%（税率）}＝9,800

その他有価証券評価差額金：3,220

16-6 理論問題①

重要度 B　／□　／□　／□

次の文章は「税効果会計に係る会計基準」における、税効果会計の処理について述べたものである。そこで、各文章の（　　）の中に入る適切な語句を記入しなさい。

(1) 税効果会計は、企業会計上の（　1　）又は（　2　）の額と課税所得計算上の（　1　）又は（　2　）の額に相違がある場合において、（　3　）の額を適切に期間配分することにより、（　3　）を控除する前の当期純利益と（　3　）を合理的に対応させることを目的とする手続である。

(2) 一時差異には、当該一時差異が解消するときにその期の課税所得を減額する効果を持つ（　4　）と、当該一時差異が解消するときにその期の課税所得を増額する効果を持つ（　5　）とがある。

(3) （　4　）がある場合、将来の会計期間において（　6　）が見込まれない税金の額を除き、（　7　）として計上しなければならない。

■解答欄

1		2		3	
4		5		6	
7					

解答・解説 理論問題①

1	資産	2	負債	3	法人税等
4	将来減算一時差異	5	将来加算一時差異	6	回収
7	繰延税金資産				

(1) 税効果会計は、企業会計上の(1)資産又は(2)負債の額と課税所得計算上の(1)資産又は(2)負債の額に相違がある場合において、(3)法人税等の額を適切に期間配分することにより、(3)法人税等を控除する前の当期純利益と(3)法人税等を合理的に対応させることを目的とする手続である。

(2) 一時差異には、当該一時差異が解消するときにその期の課税所得を減額する効果を持つ(4)将来減算一時差異と、当該一時差異が解消するときにその期の課税所得を増額する効果を持つ(5)将来加算一時差異とがある。

(3) (4)将来減算一時差異がある場合、将来の会計期間において(6)回収が見込まれない税金の額を除き、(7)繰延税金資産として計上しなければならない。

16-7 理論問題②

重要度B　／□　／□　／□

次の文章について、正しいと思うものには○印を、正しくないと思うものには×印を解答欄に記入しなさい。

(1) 繰延税金負債は、将来の法人税等の支払額を減額する効果を有し、法人税等の未払額に相当するため、負債としての性格を有する。

(2) 繰延税金資産は、将来減算一時差異が解消されるときに課税所得を減少させ、税金負担額を軽減することができると認められる範囲内で計上する。

(3) 法人税等について税率の改正があった場合でも、過年度に計上された繰延税金資産及び繰延税金負債について、新たな税率による再計算は行わない。

(4) 法人税、法人住民税、事業税および消費税は、税効果会計の対象となる税金である。

(5) 税法上、寄付金のうち、損金算入されない金額は、将来減算一時差異として税効果会計の対象となる。

(6) その他有価証券評価差額金のように、純資産に直接計上されたものに対して税効果会計を適用する場合、法人税等調整額は生じない。

■解答欄

1		2		3		4		5		6	

解答・解説 理論問題②

1	×	2	○	3	×	4	×	5	×	6	○

(1) 誤り

繰延税金負債は、将来の法人税等の支払額を増額する効果を有し、法人税等の未払額に相当するため、負債としての性格を有するものと考えられる。

(2) 正しい

(3) 誤り

法人税等について税率の変更があった場合には、過年度に計上された繰延税金資産及び繰延税金負債を新たな税率に基づき再計算する。

(4) 誤り

消費税は税効果会計の対象とはならない。

(5) 誤り

寄付金の損金不算入額は永久差異であり、税効果会計の対象とはならない。

(6) 正しい

第17章

外貨建取引

17-1 外貨建取引

重要度A　　/ □　　/ □　　/ □

次の外貨建取引について、当期の財務諸表項目の金額を求めなさい。

1．×４年４月20日に米国のＴ社と商品の販売契約を結び、手付金として10,000ドルが当座に振り込まれた。なお、手付金受取時の直物相場は１ドル＝120円である。
2．×４年６月８日に米国へ支店を設置するため、土地を500,000ドルで購入し、代金は100,000ドルを当座から支払い、350,000ドルは×５年10月31日に支払い、残額は×５年12月31日に支払う契約である。なお、土地購入時の直物相場は１ドル＝119円である。
3．×４年12月１日に米国のＴ社へ商品80,000ドルを販売し、代金のうち10,000ドルは手付金を充当し、残額は掛売とし、×５年２月25日に回収する予定である。なお、商品販売時の直物相場は１ドル＝122円である。
4．×５年２月１日にＰ銀行より150,000ドルを借入れ、１年分の利息6,000ドルが差し引かれ、残額が当座に入金した。なお、借入時の直物相場は１ドル＝125円である。
5．×５年２月25日に米国のＴ社より売掛代金70,000ドルが当座に振り込まれた。なお、回収時の直物相場は１ドル＝123円である。
6．決算日（×５年３月31日）の直物相場は１ドル＝124円である。

■解答欄

表示科目	金　額
前　払　費　用	円
未　　払　　金	円
借　　入　　金	円
為　替　差　損	円
支　払　利　息	円

解答・解説 外貨建取引

表示科目	金　額
前払費用	625,000 円
未払金	49,600,000 円
借入金	18,600,000 円
為替差損	1,780,000 円
支払利息	125,000 円

1．手付金の受取

(借)	金額	(貸)	金額
当座預金	1,200,000	前受金	1,200,000※1

※1　前受金：10,000ドル×@120（取引時HR）＝1,200,000

2．土地の取得

(借)	金額	(貸)	金額
土地	59,500,000	当座預金	11,900,000※1
		未払金	47,600,000※2

※1　当座預金：100,000ドル×@119（取引時HR）＝11,900,000
※2　未払金：400,000ドル×@119（取引時HR）＝47,600,000

3．商品の販売

(借)	金額	(貸)	金額
前受金	1,200,000※1	売上	9,740,000※3
売掛金	8,540,000※2		

※1　前受金：10,000ドル×@120（前受金受領時HR）＝1,200,000
※2　売掛金：70,000ドル×@122（販売時HR）＝8,540,000
※3　売上：1,200,000＋8,540,000＝9,740,000

4．借入

(借)	金額	(貸)	金額
当座預金	18,000,000※1	借入金	18,750,000※3
支払利息	750,000※2		

※1　当座預金：144,000ドル×@125（借入時HR）＝18,000,000
※2　支払利息：6,000ドル×@125（借入時HR）＝750,000
※3　借入金：150,000ドル×@125（借入時HR）＝18,750,000

5．売掛金の回収

(借)	金額	(貸)	金額
当座預金	8,610,000※1	売掛金	8,540,000※2
		為替差損益	70,000※3

※1　当座預金：70,000ドル×@123（回収時のHR）＝8,610,000
※2　売掛金：70,000ドル×@122（販売時HR）＝8,540,000
※3　為替差損益：70,000ドル×{@123（回収時HR）－@122（販売時HR）}＝70,000（為替差益）

6．決算整理仕訳

(借)	為替差損益	2,000,000	(貸)	未払金	2,000,000※1
(借)	借入金	150,000※2	(貸)	為替差損益	150,000
(借)	前払利息	625,000※3	(貸)	支払利息	625,000

※1　未払金：{@124（当期末CR）－@119（取引時HR）}×400,000ドル＝2,000,000（為替差損）

※2　借入金：{@125（借入時HR）－@124（当期末CR）}×150,000ドル＝150,000（為替差益）

※3　前払利息は、既に資金の決済が完了しているため外貨建金銭債権債務に該当しない。よって、取引発生時の直物相場により期間配分される

750,000×10ヶ月／12ヶ月＝625,000

7．解答の金額

前払費用：625,000

未払金：47,600,000＋2,000,000（為替差損）＝49,600,000

借入金：18,750,000－150,000（為替差益）＝18,600,000

為替差損：2,000,000（未払金）－70,000（売掛金）－150,000（借入金）＝1,780,000

支払利息：750,000（借入金）－625,000（前払費用）＝125,000

17-2 為替予約①（振当処理）

重要度A　／□　／□　／□

次の資料に基づき、当期（×４年４月１日～×５年３月31日）の財務諸表を作成しなさい。

１．決算整理前残高試算表（一部）

残高試算表

×5年３月31日　（単位：千円）

売掛金	54,600	未払金	6,700
車両	3,690	長期借入金	95,000
長期定期預金	32,000	売上	613,000

２．決算整理事項

⑴　売掛金勘定には、×４年12月１日にＡ社に外貨建で商品を輸出した際に計上した7,560千円（60,000ドル、輸出時の直物相場：１ドル＝126円、回収予定日：×５年６月30日）が含まれており、×５年３月１日に１ドル＝123円（為替予約時の直物相場：１ドル＝125円）で為替予約を行ったが、為替予約に関する処理が行われていない。

⑵　長期借入金勘定には、×４年10月１日に銀行から借り入れた外貨建の借入金37,200千円（300,000ドル、借入時の直物相場：１ドル＝124円、借入期間：３年）が含まれており、借入時に１ドル＝121円で為替予約を行ったが、為替予約に関する処理が行われていない。

⑶　長期定期預金勘定には、×４年７月１日に預入れた外貨建定期預金12,500千円（100,000ドル、預入れ時の直物相場：１ドル＝125円、預入期間：２年）が含まれており、×５年１月１日に１ドル＝121円（為替予約時の直物相場：１ドル＝124円）で為替予約を行ったが、為替予約に関する処理が行われていない。

⑷　未払金勘定には、×５年３月31日に外車を輸入した際に計上した3,690千円（30,000ドル、輸入時の直物相場：１ドル＝123円、支払日：×５年８月31日）が含まれており、輸入時に１ドル＝122円で為替予約を行ったが、為替予約に関する処理が行われていない。

３．為替予約の会計処理は振当処理を用い、期間按分は月割計算によるものとする。

４．問題文から判明しない事項については考慮しない。

■解答欄

貸借対照表　（単位：千円）

売掛金	（　　）	未払金	（　　）
前払費用	（　　）	前受収益	（　　）
車両	（　　）	長期借入金	（　　）
長期性預金	（　　）	長期前受収益	（　　）
長期前払費用	（　　）		

損益計算書　（単位：千円）

為替差損	（　　）	売上	（　　）

解答・解説 為替予約①（振当処理）

貸借対照表　（単位：千円）

売掛金	54,420	未払金	6,670
前払費用	290	前受収益	300
車両	3,660	長期借入金	94,100
長期性預金	31,600	長期前受収益	450
長期前払費用	50		

損益計算書　（単位：千円）

為替差損	90	売上	613,000

1．決算整理仕訳

(1) 売掛金

① 為替予約

（借）	為替差損益	60※2	（貸）売掛金	180※1
	前払費用	120※3		

※1　売掛金：{@123（ＦＲ）－@126（発生時ＨＲ）}×60,000ドル（売掛金）＝△180

※2　為替差損益（直々差額）：{@125（予約時ＨＲ）－@126（発生時ＨＲ）}×60,000ドル（売掛金）＝△60

※3　前払費用（直先差額）：{@123（ＦＲ）－@125（予約時ＨＲ）}×60,000ドル（売掛金）＝△120

② 直先差額の按分

（借）	為替差損益	30	（貸）前払費用	30

※　120（直先差額）×１ヶ月（X5.3）／４ヶ月（X5.3～X5.6）＝30

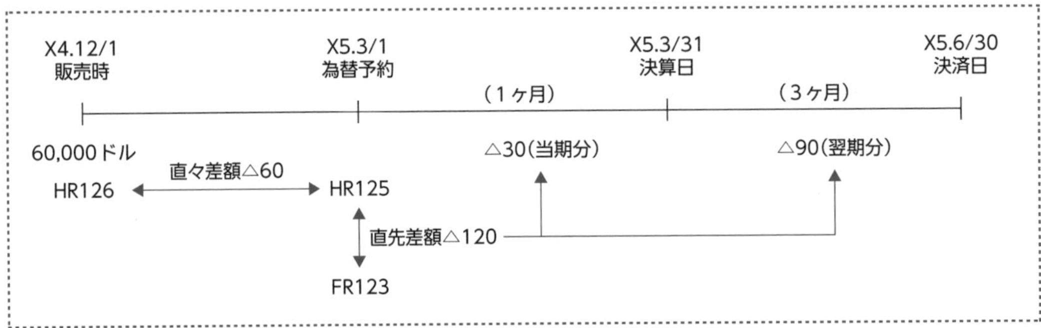

(2) 長期借入金

長期借入金は、資金取引となり、取引時に為替予約をしているため、長期借入金について為替予約相場を付すことになる。本問では、借入時の相場を付しているため、修正処理が必要となる。

① 為替予約

a) 誤った仕訳

(借)	現金預金	37,200※1	(貸)	長期借入金	37,200

※1 現金預金：300,000ドル（借入額）×@124（借入時ＨＲ）＝37,200

b) 正しい仕訳

(借)	現金預金	37,200※1	(貸)	長期借入金	36,300※2
				長期前受収益	900※3

※2 長期借入金：300,000ドル（借入額）×@121（ＦＲ）＝36,300

※3 長期前受収益（直先差額）：{@124（借入時ＨＲ）－@121（ＦＲ）}×300,000ドル（借入額）＝900

c) 修正仕訳

(借)	長期借入金	900	(貸)	長期前受収益	900

※ {@124（借入時ＨＲ）－@121（ＦＲ）}×300,000ドル（借入額）＝900

② 直先差額の按分

(借)	長期前受収益	150	(貸)	為替差損益	150※1
(借)	長期前受収益	300	(貸)	前受収益	300※2

※1 為替差損益：900（直先差額）×６ヶ月（X4.10～X5.3）／36ヶ月（X4.10～X7.9）＝150

※2 前受収益：900（直先差額）×12ヶ月（X5.4～X6.3）／36ヶ月（X4.10～X7.9）＝300

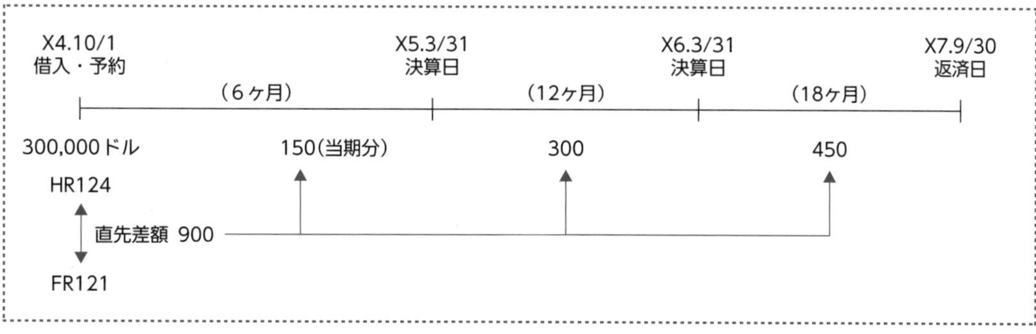

(3) 長期定期預金

① 為替予約

(借)			(貸)	
為替差損益	100※1		長期定期預金	400
長期前払費用	300※2			

※1 為替差損益（直々差額）：{@124（為替予約時ＨＲ）－@125（預入時ＨＲ）}×100,000ドル（長期定期預金）＝△100

※2 長期前払費用（直先差額）：{@121（ＦＲ）－@124（為替予約時ＨＲ）}×100,000ドル（長期定期預金）＝△300

② 直先差額の按分

(借)		(貸)	
為替差損益	50※1	長期前払費用	50
前払費用	200※2	長期前払費用	200

※1 為替差損益：△300（直先差額）×３ヶ月（X5.1～X5.3）／18ヶ月（X5.1～X6.6）＝△50

※2 前払費用：△300（直先差額）×12ヶ月（X5.4～X6.3）／18ヶ月（X5.1～X6.6）＝△200

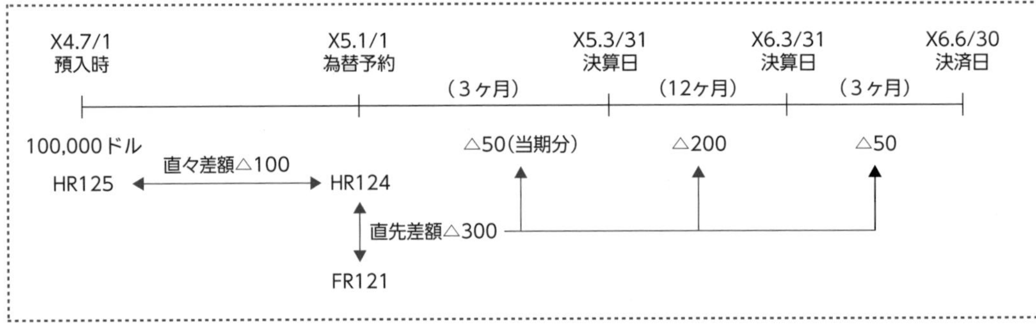

⑷ 車両

車両の購入は、非資金取引となり、取引時に為替予約をしているため、為替予約相場を付すことになる。本問では、購入時の相場を付しているため、修正処理が必要となる。

① 誤った仕訳

(借) 車　　両	3,690	(貸) 未　払　金	3,690

※ 30,000ドル（未払金）×@123（購入時ＨＲ）＝3,690

② 正しい仕訳

(借) 車　　両	3,660	(貸) 未　払　金	3,660

※ 30,000ドル（未払金）×122（ＦＲ）＝3,660

③ 修正仕訳

(借) 未　払　金	30	(貸) 車　　両	30

２．解答の金額

売掛金：54,600（前Ｔ/Ｂ）－180（換算）＝54,420

前払費用：90（売掛金・前払費用※1）＋200（定期預金・前払費用※2）＝290

※１ 120（売掛金・直先差額）×3ヶ月（X5.4～X5.6）/4ヶ月（X5.3～X5.6）＝90

※２ 300（定期預金・直先差額）×12ヶ月（X5.4～X6.3）/18ヶ月（X5.1～X6.6）＝200

車両：3,690（前Ｔ/Ｂ）－30（修正）＝3,660

長期性預金：32,000（前Ｔ/Ｂ）－400（換算）＝31,600

長期前払費用：300（直先差額）×３ヶ月（X6.4～X6.6）／18ヶ月（X5.1～X6.6）＝50

未払金：6,700（前Ｔ/Ｂ）－30（修正）＝6,670

前受収益：900（借入金・直先差額）×12ヶ月（X5.4～X6.3）/36ヶ月（X4.10～X7.9）＝300

長期借入金：95,000（前Ｔ/Ｂ）－900（修正）＝94,100

為替差損：90（売掛金）－150（借入金）＋150（長期定期預金）＝90

長期前受収益：900（直先差額）×18ヶ月（X6.4～X7.9）／36ヶ月（X4.10～X7.9）＝450

17-3 為替予約②（独立処理）

重要度B　／□　／□　／□

次の資料に基づき、解答欄に示した各金額を答えなさい。なお、該当する金額がない場合「－」とすること。

〔資料〕

1．当社の決算日は３月31日である。

2．当社は×４年12月１日にＡ社より商品300ドルを輸入した。代金は×５年６月30日に支払う予定である。

3．×５年３月１日に円安による決済金額の増加を懸念して４ヶ月先物のドル買いの為替予約を締結した。

	×４年12月１日	×５年３月１日	×５年３月31日	×５年６月30日
先物相場	１＄＝121円	１＄＝122円	１＄＝123円	—
直物相場	１＄＝123円	１＄＝120円	１＄＝124円	１＄＝125円

4．当社は×５年６月30日にＡ社へ買掛代金300ドルを支払った。

5．為替予約の会計処理は独立処理を用い、期間按分は月割計算によるものとする。

■解答欄

＜×５年３月期の財務諸表計上額＞

損益計算書	
為替差（　　）	円

貸借対照表	
買掛金	円
為替予約（　　）	円

＜×６年３月期の財務諸表計上額＞

損益計算書	
為替差（　　）	円

※　為替差（　　）の括弧には、益または損を記入すること。また、為替予約（　　）の括弧には、資産または負債を記入すること。

解答・解説 為替予約②（独立処理）

＜×５年３月期の財務諸表計上額＞

損益計算書	
為替差（ — ）	— 円

貸借対照表	
買掛金	37,200 円
為替予約（ 資産 ）	300 円

＜×６年３月期の財務諸表計上額＞

損益計算書	
為替差（ 益 ）	300 円

1．×５年３月期

(1) ×４年12月１日（仕入日）

(借) 仕 入	36,900	(貸) 買 掛 金	36,900

※ 300ドル×@123（仕入時ＨＲ）＝36,900

(2) ×５年３月１日（為替予約時）

仕 訳 な し

(3) ×５年３月31日（決算日）

① 外貨建金銭債権・債務の換算

(借) 為 替 差 損 益	300	(貸) 買 掛 金	300

※ {@124（ＣＲ）－@123（仕入時ＨＲ）}×300ドル（買掛金）＝300

② 為替予約の時価評価

(借) 為 替 予 約 資 産	300	(貸) 為 替 差 損 益	300

※ {@123（決算時ＦＲ）－@122（予約時ＦＲ）}×300ドル（為替予約）＝300

(4) 財務諸表計上額

為替差損益：300（買掛金）－300（為替予約）＝０

買掛金：36,900＋300＝37,200（＝300ドル×CR124）

為替予約資産：300

2．×6年3月期

(1) ×5年4月1日（期首）

(借)	為替差損益	300	(貸) 為替予約資産	300

(2) ×5年6月30日（決済日）

① 外貨建金銭債権・債務の決済

(借)	買掛金	37,200	(貸) 現金預金	37,500※1
	為替差損益	300※2		

※1 現金預金：300ドル（買掛金）×@125（決済時ＨＲ）＝37,500

※2 為替差損益：{@125（決済時ＨＲ）－@124（ＣＲ）}×300ドル（買掛金）＝300

② 為替予約の決済

(借)	現金預金	900	(貸) 為替差損益	900

※ {@125（決済時ＨＲ）－@122（予約時ＦＲ）}×300ドル（為替予約）＝900

※ 先物為替相場は、決済日において直物為替相場と一致する。

(3) 財務諸表計上額

為替差損益：△300（買掛金）＋600（為替予約※1）＝300

※1 △300（再振替）＋900（決済）＝600

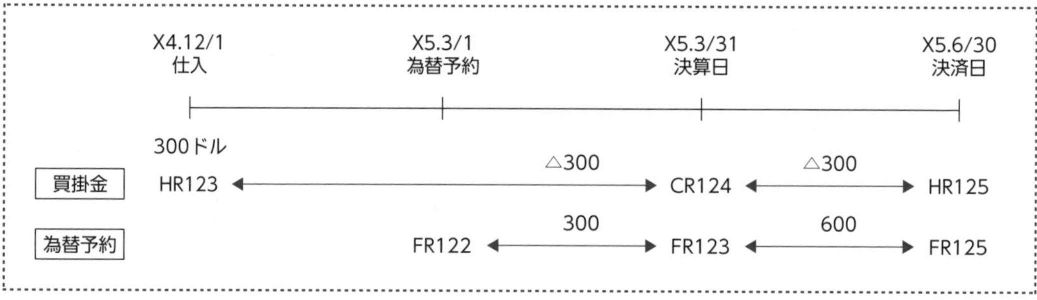

17-4 外貨建有価証券

重要度A　／□　／□　／□

次の資料に基づいて、決算整理後残高試算表を作成しなさい。

1．決算整理前残高試算表の一部

残高試算表

×5年3月31日　（単位：円）

有価証券	10,712,800	受取配当金	391,600
投資有価証券	30,566,000	有価証券利息	223,200
子会社株式	18,450,000	有価証券運用損益	2,629,000

2．決算整理事項

有価証券勘定の内訳は、次のとおりである。

銘柄	株数又は口数	簿価	市場価格	市場価格の有無	保有目的	備考
A社株式	500株	@ 86ドル	@ 87ドル	有	売買目的	（※1）
B社株式	800株	@ 57ドル	@ 55ドル	有	売買目的	（※2）
C社社債	10,000口	@ 9.7ドル	@9.75ドル	有	満期保有目的	（※3）
D社株式	400株	@ 45ドル	@ 52ドル	有	その他	（※4）
E社株式	2,000株	@ 68ドル	@ 70ドル	有	その他	（※5）
F社株式	5,000株	@ 30ドル	@ 31ドル	有	支配目的	（※6）

※1　A社株式の取得時の直物相場は1ドル＝124円である。
※2　B社株式の取得時の直物相場は1ドル＝118円である。
※3　C社社債は×4年8月1日に1口10ドルに対して9.7ドルで取得したもので、クーポン利率年3.6%、利払年2回（1月末、7月末）、償還期間5年である。同社債の額面金額と取得価額との差額は金利の調整額と考えられ、定額法による償却原価法を適用する。なお、為替相場は次のとおりである。
　①　取得時の直物相場は1ドル＝126円である。
　②　×4年8月1日～×5年3月31日の平均為替相場は1ドル＝121円である。
　③　×4年4月1日～×5年3月31日の期中平均為替相場は1ドル＝122円である。

※4　D社株式の取得時の直物相場は1ドル＝120円である。
※5　E社株式の取得時の直物相場は1ドル＝119円である。
※6　F社株式は発行済株式の60%を保有しており、取得時の直物相場は1ドル＝123円である。
※7　その他有価証券の評価差額は全部純資産直入法を適用し、税効果は無視する。
※8　決算時の直物相場は1ドル＝122円である。

■解答欄

後T／B　（単位：円）

解答・解説　外貨建有価証券

後T／B　　　　（単位：円）

有価証券	10,675,000	その他有価証券評価差額金	1,273,600
未収有価証券利息	73,200	受取配当金	391,600
投資有価証券	31,500,400	有価証券利息	344,800
子会社株式	18,450,000	有価証券運用損益	2,591,200
為替差損益	387,600		

1．売買目的有価証券

（借）有価証券運用損益	37,800※1	（貸）有価証券	37,800

※1　有価証券運用損益：10,675,000（時価※2）－10,712,800（簿価※3）＝△37,800（損）

※2　時価：500株（A社株式）×@87ドル×@122（CR）＋800株（B社株式）×@55ドル×@122（CR）＝10,675,000

※3　簿価：500株（A社株式）×@86ドル×@124（HR）＋800株（B社株式）×@57ドル×@118（CR）＝10,712,800（前T/B）

2．満期保有目的の債券

（借）投資有価証券	48,400	（貸）有価証券利息	48,400※1
（借）為替差損益	387,600※3	（貸）投資有価証券	387,600
（借）未収有価証券利息	73,200※6	（貸）有価証券利息	73,200

※1　有価証券利息（償却額）：400ドル（償却額※2）×@121（AR）＝48,400

※2　償却額：{100,000ドル（額面金額）－97,000ドル（取得価額）}÷5年×8ヶ月／12ヶ月＝400ドル

※3　為替差損益：11,882,800（貸借対照表価額※4）－12,270,400（償却原価法適用後の簿価※5）＝△387,600（為替差損）

※4　貸借対照表価額：{97,000ドル（取得価額）＋400ドル（当期償却額）}×@122（CR）＝11,882,800

※5　償却原価法適用後の簿価：12,222,000（取得原価）＋48,400（償却額）＝12,270,400

※6　未収有価証券利息：100,000ドル（額面金額）×3.6％×2ヶ月／12ヶ月×@122（CR）＝73,200

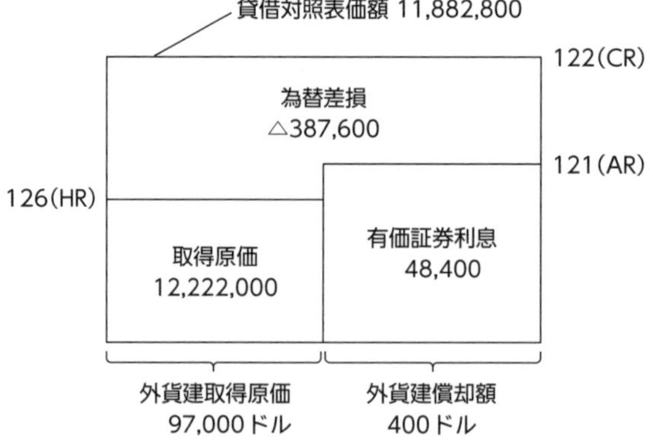

3．子会社株式

子会社株式は時価評価や換算替えはしないため、決算整理仕訳は不要である。

仕訳なし

4．その他有価証券

(借) 投 資 有 価 証 券	1,273,600	(貸) その他有価証券評価差額金	1,273,600※1

※1　その他有価証券評価差額金：19,617,600（時価※2）－18,344,000（簿価※3）＝1,273,600（益）
※2　時価：400株（D社株式）×@52ドル×@122（CR）＋2,000株（E社株式）×@70ドル×@122（CR）＝19,617,600
※3　簿価：400株（D社株式）×@45ドル×@120（HR）＋2,000株（E社株式）×@68ドル×@119（HR）＝18,344,000

5．決算整理仕訳後残高試算表の金額

有価証券：10,675,000（A社株式・B社株式の時価合計）

投資有価証券：11,882,800（C社社債の償却原価）＋19,617,600（D社株式、E社株式の時価合計）
＝31,500,400

有価証券利息：223,200（前T/B）＋48,400（償却額）＋73,200（未収収益）＝344,800

有価証券運用損益：2,629,000（前T/B）－37,800（評価損）＝2,591,200

17-5 理論問題

重要度B　／□　／□　／□

次の文章について、正しいと思うものには○印を、正しくないと思うものには×印を解答欄に記入しなさい。

⑴ 「外貨建取引等会計処理基準」では、外貨建取引と当該取引から生ずる外貨建金銭債権債務等に係る為替差異の発生は、一連の取引によるものとして処理するという一取引基準の考え方を採用している。

⑵ 商品を掛け販売した場合において、販売時から代金決済時の為替相場の変動は、売上の金額を修正として処理する。

⑶ 手付金は為替相場の変動リスクを負ってないため、決算において換算替えは行われない。

⑷ 外貨建金銭債権債務に対して為替予約を行った場合、外貨建金銭債権債務は、原則として為替予約相場により換算する。

⑸ 外貨建金銭債権債務について、取引発生後に為替予約を付し振当処理を採用した場合、取得時又は発生時の為替相場による円換算額と為替予約による円換算額との差額は、為替差損益として全額当期の損益とする。

⑹ 外貨建金銭債権債務の決算時の換算に当たっては、一年基準の考え方を採用している。すなわち、決算日の翌日から起算して1年以内に決済日をむかえる債権債務は決算日の為替相場で換算し、それ以外の債権債務は取得時の為替相場で換算することになる。

■解答欄

1		2		3		4		5		6	

解答・解説 理論問題

1	×	2	×	3	○	4	×	5	×	6	×

(1) 誤り

外貨建取引と当該取引から生ずる外貨建金銭債権債務等に係る為替差異の発生は、それぞれ別個のものとして処理するという二取引基準の考え方を採用している。

(2) 誤り

二取引基準を採用しているため、売上の金額は販売時に確定する。為替相場の変動は、為替差損益として処理する。

(3) 正しい

(4) 誤り

為替予約は原則として独立処理である。独立処理の場合、外貨建金銭債権債務は為替予約相場を振り当てることはしないため、誤りである。

(5) 誤り

外貨建金銭債権債務に係る為替予約の振当処理においては、当該金銭債権債務の取得時又は発生時の為替相場による円換算額と為替予約による円換算額との差額のうち、直々差額は予約日の属する期の損益として処理し、直先差額は期間按分を行う。

(6) 誤り

外貨建金銭債権債務については、決算時の為替相場による円換算額を付する。すなわち、長期・短期を問わずに、すべて決算時の為替相場により換算する。

第18章

社債

18-1 社債①（定額法）

重要度A　/ □　/ □　/ □

次の資料に基づいて、決算整理後残高試算表を作成しなさい。なお、日割計算が必要なものは月割計算すること。

1．決算整理前残高試算表

残　高　試　算　表

×7年３月31日　（単位：円）

借方科目	金額	貸方科目	金額
社　債　発　行　費	8,125	社　　　　債	193,500
社　債　利　息	4,500		

2．決算整理事項

⑴　社債は×５年７月１日に社債額面総額200,000円を１口100円に対して96円で発行し、利率年３％、利払年２回（６月末、12月末）、償還期間４年である。なお、定額法による償却原価法を適用すること。

⑵　社債発行費は、上記社債の発行時に生じたものであり、繰延資産として処理し、規定の最長期間に渡り定額法により償却を行っている。

■解答欄

後T／B　（単位：円）

解答・解説 社債①（定額法）

後T／B （単位：円）

社債発行費	5,625	未払社債利息	1,500
社債利息	8,000	社債	195,500
社債発行費償却	2,500		

1．分析図

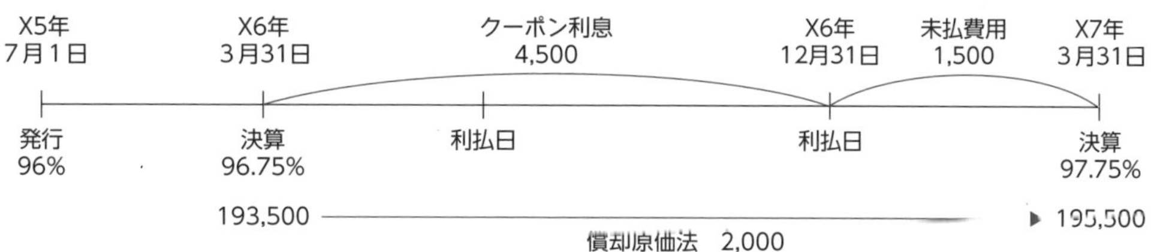

2．決算整理仕訳

（借）社債利息	2,000※1	（貸）社債	2,000※1
（借）社債利息	1,500※2	（貸）未払社債利息	1,500
（借）社債発行費償却	2,500※3	（貸）社債発行費	2,500

※1 社債利息（償却額）：200,000（額面金額）×（97.75％－96.75％）＝2,000

※2 社債利息（未払費用）：200,000（額面金額）×３％×３ヶ月／12ヶ月＝1,500

※3 社債発行費償却：8,125（前T/B社債発行費）×12ヶ月／39ヶ月※4＝2,500

※4 前期に９ヶ月分償却をしているため、39ヶ月（＝48ヶ月－９ヶ月）で償却する。

3．決算整理後残高試算表の金額

社債利息：4,500（前T/B）＋2,000（償却）＋1,500（未払費用）＝8,000

社債：193,500（前T/B）＋2,000（償却）＝195,500

18-2 社債②（利息法）

重要度A　／□　／□　／□

次の資料に基づいて、決算整理後残高試算表を作成しなさい。なお、日割計算が必要なものは月割計算すること。

1．決算整理前残高試算表

残　高　試　算　表

×7年3月31日　（単位：円）

仮　払　金	3,000	社　債	192,000

2．決算整理事項

(1) 社債は×6年7月1日に社債額面総額200,000円を1口100円に対して96円で発行し、クーポン利率年3％、利払年2回（6月末、12月末）、償還期間4年である。なお、利息法（実効利子率年4.09％）による償却原価法を適用すること。

(2) 当期中に支払ったクーポン利息を仮払金勘定で処理している。

(3) 計算上、円未満の端数が生じた場合には、小数点以下を四捨五入すること。

■解答欄

後T／B　（単位：円）

解答・解説 社債②（利息法）

後T／B　　（単位：円）

社債利息	5,899	未払社債利息	1,500
		社債	193,399

1．×6年12月31日（仮払金の修正）

（借）		（貸）	
社債利息	3,926※1	仮払金	3,000※2
		社債	926※3

※1　社債利息：192,000（発行価額）×4.09%×6ヶ月／12ヶ月≒3,926

※2　クーポン利息：200,000（額面金額）×3%×6ヶ月／12ヶ月＝3,000

※3　償却額：926（貸借差額）

2．×7年3月31日（決算）

（借）		（貸）	
社債利息	1,973※1	未払社債利息	1,500※2
		社債	473※3

※1　社債利息：{192,000（発行価額）＋926}×4.09%×3ヶ月／12ヶ月≒1,973

※2　クーポン利息：200,000（額面金額）×3%×3ヶ月／12ヶ月＝1,500

※3　償却額：473（貸借差額）

3．決算整理後残高試算表の金額

社債利息：3,926（×6年12月31日）＋1,973（決算）＝5,899

社債：192,000（前T/B）＋926（×6年12月31日）＋473（決算）＝193,399

18-3 買入償還

重要度B　／□　／□　／□

次の資料に基づいて、下記の設問に答えなさい。なお、日割計算が必要なものは月割計算すること。

1．決算整理前残高試算表

残高試算表

×7年3月31日　　　　（単位：円）

借方科目	金額	貸方科目	金額
仮払金	99,400	社債	244,375
社債利息	5,500		

2．決算整理事項

⑴　社債は×5年7月1日に社債額面総額250,000円を1口100円に対して97円で発行し、利率年4％、利払年2回（6月末、12月末）、償還期間3年である。なお、定額法による償却原価法を適用すること。

⑵　×6年9月30日に額面100,000円の社債を買入償還し、端数利息を含めた買入額を仮払金勘定で処理している。

■解答欄

後T／B　　　　（単位：円）

解答・解説　買入償還

後T／B　(単位：円)

社債利息	10,000	未払社債利息	1,500
社債償還損	150	社債	148,125

1．分析図

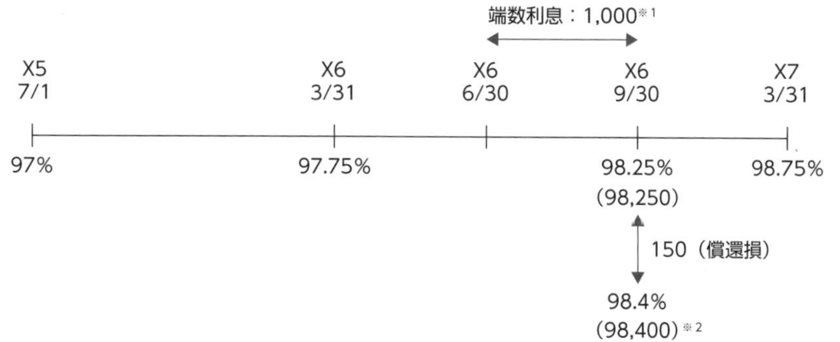

※1　端数利息：100,000（債券金額）×4％×3ヶ月/12ヶ月＝1,000
※2　償還額：99,400（仮払金）－1,000（端数利息）＝98,400

2．買入償還

(借)	社債利息	500※1	(貸)	社債	500
(借)	社債	98,250※2	(貸)	仮払金	99,400
	社債利息	1,000			
	社債償還損	150※3			

※1　社債利息（償却額）：100,000（額面金額）×（98.25％－97.75％）＝500
※2　社債（償却原価）：100,000（額面金額）×98.25％＝98,250
※3　社債償還損：98,250（償却原価）－98,400（償還額）＝△150（償還損）

3．決算

(借)	社債利息	1,500※1	(貸)	社債	1,500
(借)	社債利息	1,500※2	(貸)	未払社債利息	1,500

※1　社債利息（償却額）：150,000（未償還分の額面金額）×（98.75％－97.75％）＝1,500
※2　社債利息（未払費用）：150,000（未償還分の額面金額）×4％×3ヶ月／12ヶ月＝1,500

4．決算整理後残高試算表の金額

社債利息：5,500（前T/B）＋500（買入償還分・償却）＋1,000（端数利息）
＋1,500（未償還分・償却）＋1,500（未払費用）＝10,000

社債：150,000（未償還分・額面金額）×98.75％＝148,125

第19章

退職給付会計

19-1 各種差異①

重要度A　/ □　/ □　/ □

次の資料に基づき、当期の財務諸表に計上される各金額を答えなさい。

1．当社は企業年金制度を採用しており、退職給付に係るデータは次のとおりである。

(1)	前期末の退職給付債務の実績額	80,000千円
(2)	前期末の年金資産の公正な評価額	50,000千円
(3)	当期の勤務費用	9,200千円
(4)	当期の利息費用	2,000千円
(5)	当期の長期期待運用収益	1,200千円
(6)	当期の掛金拠出高	1,500千円
(7)	当期の年金資産からの退職年金支払高	3,000千円
(8)	当期末の退職給付債務の実績額	89,000千円
(9)	当期末の年金資産の公正な評価額	49,700千円

2．期首において各種差異は生じておらず、数理計算上の差異が生じた場合、発生年度より10年間にわたって定額法により費用処理する。

■解答欄

退職給付費用	千円
退職給付引当金	千円

解答・解説 各種差異①

退職給付費用	10,080　千円
退職給付引当金	38,580　千円

1．当期首の退職給付引当金

80,000（前期末退職給付債務）－50,000（前期末年金資産）＝30,000

2．当期の仕訳

(1) 退職給付費用の計上

(借) 退職給付費用	10,080※	(貸) 退職給付引当金	10,080

※ 退職給付費用

勤務費用：	9,200
利息費用：	2,000
期待運用収益：	△1,200
当期発生差異：800÷10年＝	80（不利）
	10,080

(2) 掛金の拠出

(借) 退職給付引当金	1,500	(貸) 現金預金	1,500

(3) 退職年金の支払

仕訳なし

3．勘定分析

年金資産

借方		貸方	
期首残高	50,000	年金支給	3,000
期待運用収益	1,200	期末残高(予測額)	49,700
掛金拠出	1,500		

当期発生差異：0

期末残高(実績額)　49,700

退職給付債務

借方		貸方	
年金支給	3,000	期首残高	80,000
期末残高(予測額)	88,200	勤務費用	9,200
		利息費用	2,000

当期発生差異：800（不利）

期末残高(実績額)　89,000

4．解答の金額

退職給付費用：10,080

退職給付引当金：30,000（期首引当金）＋10,080（退職給付費用）－1,500（掛金拠出）＝38,580

又は

89,000（期末退職給付債務実績額）－49,700（期末年金資産評価額）

－720（期末未認識差異※）＝38,580

※ 期末未認識差異：800（当期発生差異）×９年／10年＝720（不利）

19-2 各種差異②

重要度A　＿/□　＿/□　＿/□

次の資料に基づき、当期の財務諸表に計上される各金額を答えなさい。

1．当社は内部積立型の退職一時金制度を採用しており、退職給付に係るデータは次のとおりである。

(1) 前期末の退職給付債務の実績額　85,800千円
(2) 当期の勤務費用　9,208千円
(3) 当期の利息費用　3,432千円
(4) 当期の退職一時金支払高　6,500千円
(5) 当期末の退職給付債務の実績額　92,840千円

2．前期に退職給付規定を見直し、給付水準を引き上げた結果、過去勤務費用が2,000千円生じた。なお、過去勤務費用は10年間にわたり定額法により費用処理する。

3．数理計算上の差異は発生年度より15年で定額法により償却する。なお、前期以前に数理計算上の差異は生じていない。

■解答欄

退職給付費用	千円
退職給付引当金	千円

解答・解説　各種差異②

退職給付費用	12,900　千円
退職給付引当金	90,400　千円

1．当期首の退職給付引当金

85,800（前期末退職給付債務）－1,800（期首未認識過去勤務費用）＝84,000

※　前期に発生した過去勤務費用2,000うち、前期に200費用処理しているため、期首において1,800の未認識過去勤務費用が生じていることが分かる。また、給付水準を引き上げた結果として生じた過去勤務費用であるため、不利差異と判断できる。

2．当期の仕訳

(1)　退職給付費用の計上

(借) 退職給付費用	12,900※	(貸) 退職給付引当金	12,900

※　退職給付費用

勤務費用：　9,208

利息費用：　3,432

期首未認識過去勤務費用：1,800÷{10年－1年(経過年数)}＝　200(不利)

当期発生差異：900÷15年＝　60(不利)

12,900

(2)　退職一時金の支払

(借) 退職給付引当金	6,500	(貸) 現金預金	6,500

3．勘定分析

退職給付債務

一時金支払	6,500	期首残高	85,800
期末残高(予測額)	91,940	勤務費用	9,208
		利息費用	3,432

当期発生差異：900(不利)

期末残高(実績額)　92,840

4．解答の金額

退職給付費用：12,900

退職給付引当金：84,000（期首引当金）＋12,900（退職給付費用）－6,500（掛金拠出）＝90,400

又は

92,840（期末退職給付債務実績額）－840（期末未認識差異※1）

－1,600（期末未認識過去勤務費用※2）＝90,400

※1　期末未認識差異：900（当期発生差異）×14年／15年＝840（不利）

※2　期末未認識過去勤務費用：1,800（期首未認識過去勤務費用）×8年／9年＝1,600（不利）

第19章　退職給付会計

19-3 各種差異③

重要度A　／□　／□　／□

次の資料に基づき、当期の財務諸表に計上される各金額を答えなさい。

1．当社は確定給付型の企業年金制度を採用しており、退職給付に係るデータは次のとおりである。

① 前期末の過去勤務費用の未認識額（引当不足額）	960千円
② 前期末の退職給付債務の実績額	31,000千円
③ 前期末の年金資産の公正な評価額	27,800千円
④ 当期の勤務費用	3,480千円
⑤ 割引率	年３％
⑥ 長期期待運用収益率	年４％
⑦ 当期の掛金拠出額	1,900千円
⑧ 当期の退職年金支払高	1,600千円
⑨ 当期末の退職給付債務実績額	34,710千円
⑩ 当期末の年金資産評価額	28,912千円

2．前期以前において数理計算上の差異は発生していない。

3．過去勤務費用は10年間にわたって、発生年度より定額法で償却する（２年償却済）。

4．数理計算上の差異は発生年度より、15年間にわたって定率法（償却率年0.142）により費用処理する。

5．計算上、端数が生じた場合は千円未満を四捨五入すること。

■解答欄

退職給付費用	千円
退職給付引当金	千円

解答・解説 各種差異③

退職給付費用	3,588 千円
退職給付引当金	3,928 千円

1．当期首の退職給付引当金

31,000（前期末退職給付債務）－27,800（前期末年金資産）－960（期首未認識過去勤務費用）＝2,240

2．当期の仕訳

(1) 退職給付費用の計上

(借) 退職給付費用	3,588※	(貸) 退職給付引当金	3,588

※ 退職給付費用

勤務費用：		3,480
利息費用：31,000(前期末退職給付債務)×3％(割引率)	＝	930
期待運用収益：27,800(前期末年金資産)×4％（長期期待運用収益率）	＝	△1,112
期首未認識過去勤務費用：960÷{10年－2年(経過年数)}	＝	120 (不利)
当期発生差異：(300＋900) ×0.142 (償却率)	＝	170 (不利)
		3,588

(2) 掛金の拠出

(借) 退職給付引当金	1,900	(貸) 現金預金	1,900

(3) 退職年金の支払

仕訳なし

3．勘定分析

年金資産

期首残高	27,800	年金支給	1,600
期待運用収益	1,112	期末残高(予測額)	29,212
掛金拠出	1,900		

当期発生差異：300(不利)

期末残高(実績額) 28,912

退職給付債務

年金支給	1,600	期首残高	31,000
期末残高(予測額)	33,810	勤務費用	3,480
		利息費用	930

当期発生差異：900(不利)

期末残高(実績額) 34,710

4．解答の金額

退職給付費用：3,588

退職給付引当金：2,240（期首引当金）＋3,588（退職給付費用）－1,900（掛金拠出）＝3,928

又は

34,710（期末退職給付債務実績額）－28,912（期末年金資産評価額）

－1,030（期末未認識差異※1）－840（期末未認識過去勤務費用※2）＝3,928

※1 期末未認識差異：1,200（当期発生差異）－170（費用処理額）＝1,030（不利）

※2 期末未認識過去勤務費用：960（期首未認識過去勤務費用）×7年／8年＝840（不利）

19-4 各種差異④

重要度A ／□ ／□ ／□

次の資料に基づき、当期の財務諸表に計上される各金額を答えなさい。

1．当社は内部積立型の退職一時金制度を採用しており、退職給付に係るデータは次のとおりである。
 (1) 前期末の退職給付債務の実績額　50,000千円
 (2) 当期首に退職給付規定の改訂を行い、改訂後の期首退職給付債務は60,000千円である。
 (3) 当期の勤務費用　7,000千円
 (4) 当期の利息費用　1,200千円（割引率2％）
 (5) 当期末の退職給付債務の実績額　68,200千円
2．当期中に退職一時金の支払いは行っていない。
3．過去勤務費用は、発生年度より平均残存勤務期間20年で定額法により償却する。
4．数理計算上の差異は一切生じていない。

■解答欄

退職給付費用	千円
退職給付引当金	千円

解答・解説 各種差異④

退職給付費用	8,700 千円
退職給付引当金	58,700 千円

1．当期首の退職給付引当金

50,000（前期末退職給付債務）

2．当期の仕訳

(1) 退職給付費用の計上

(借) 退職給付費用	8,700※	(貸) 退職給付引当金	8,700

※ 退職給付費用
勤務費用： 7,000
利息費用： ＝ 1,200
当期発生差異：10,000÷20年 ＝ 500（不利）
8,700

(2) 退職一時金の支払

仕訳なし

3．勘定分析

退職給付債務

一時金支払	0	期首残高	60,000
期末残高(予測額)	68,200	勤務費用	7,000
		利息費用	1,200

当期発生差異：0

期末残高(実績額) 68,200

4．解答の金額

退職給付費用：8,700

退職給付引当金：50,000（期首引当金）＋8,700（退職給付費用）＝58,700

又は

68,200（期末退職給付債務実績額）－9,500（期末未認識過去勤務費用※）＝58,700

※ 10,000（当期発生過去勤務費用）×19年／20年＝9,500（不利）

19-5 各種差異⑤

重要度A　／□　／□　／□

次の資料に基づき、当期の財務諸表に計上される各金額を答えなさい。

1．当社は内部積立型の退職一時金制度を採用しており、退職給付に係るデータは次のとおりである。
(1) 前期末の退職給付債務の実績額　50,000千円
(2) 当期の勤務費用　4,000千円
(3) 当期の利息費用　2,500千円
(4) 当期末の退職給付債務の実績額　56,500千円
2．当期中に退職金の支払いは行っていない。
3．前期末において割引率を変更した結果、割引率が下がったことによる数理計算上の差異が1,000千円生じている。
4．前期末において昇給率が予想より低かったことによる数理計算上の差異が2,000千円生じている。
5．数理計算上の差異は、発生年度の翌年から、定率法（償却率0.25）により償却する。
6．過去勤務費用は一切生じていない。

■解答欄

退職給付費用	千円
退職給付引当金	千円

解答・解説　各種差異⑤

退職給付費用	6,250　千円
退職給付引当金	57,250　千円

1．当期首の退職給付引当金

50,000（前期末退職給付債務）－1,000（期首未認識差異・割引率）＋2,000（期首未認識差異・昇給率）＝51,000

※　数理計算上の差異に関する有利・不利の判断
割引率が下がったことによる差異は、退職給付債務の増加要因であるため不利差異と判断できる。
昇給率が予想より低かったことによる差異は、退職給付債務の減少要因であるため有利差異と判断できる。

2．当期の仕訳

(1)　退職給付費用の計上

(借) 退職給付費用	6,250※	(貸) 退職給付引当金	6,250

※　退職給付費用
勤務費用：　4,000
利息費用：50,000（前期末退職給付債務）×５％（割引率）＝　2,500
期首未認識差異：（1,000－2,000）×0.25（償却率）＝　△250（有利）
　6,250

(2)　退職一時金の支払

仕　訳　な　し

3．勘定分析

退職給付債務

一時金支払	0	期首残高	50,000
期末残高(予測額)	56,500	勤務費用	4,000
		利息費用	2,500

↕ 当期発生差異：0

期末残高(実績額)　56,500

4．解答の金額

退職給付費用：6,250

退職給付引当金：51,000（期首引当金）＋6,250（退職給付費用）＝57,250

又は

56,500（期末退職給付債務実績額）＋750（期末未認識差異※）＝57,250

※　1,000（期首未認識差異・割引率）－2,000（期首未認識差異・昇給率）＋250（費用処理額）＝750（有利）

19-6 理論問題①

重要度 B　／ □　／ □　／ □

次の（　　）の中に入る適切な語句を記入しなさい。

(1) （　1　）とは、退職給付のうち、認識時点までに発生していると認められる部分を割り引いたものをいう。

(2) （　2　）のうち当期に発生したと認められる額を（　3　）といい、期首時点の（　1　）について、時の経過により発生する計算上の利息を（　4　）という。（　3　）と（　4　）はいずれも（　1　）の増加要因である。

(3) （　5　）とは、退職給付水準の改訂等に起因して発生した（　1　）の増加又は減少部分をいう。

■解答欄

1		2		3	
4		5			

解答・解説 理論問題①

1	退職給付債務	2	退職給付見込額	3	勤務費用
4	利息費用	5	過去勤務費用		

(1) (1)退職給付債務とは、退職給付のうち、認識時点までに発生していると認められる部分を割り引いたものをいう。

(2) (2)退職給付見込額のうち当期に発生したと認められる額を(3)勤務費用といい、期首時点の(1)退職給付債務について、時の経過により発生する計算上の利息を(4)利息費用という。(3)勤務費用と(4)利息費用はいずれも(1)退職給付債務の増加要因である。

(3) (5)過去勤務費用とは、退職給付水準の改訂等に起因して発生した(1)退職給付債務の増加又は減少部分をいう。

19-7 理論問題②

重要度A　/ □　/ □　/ □

次の文章について、正しいと思うものには○印を、正しくないと思うものには×印を解答欄に記入しなさい。

(1) 数理計算上の差異の発生額は、原則として平均残存勤務期間以内の一定の年数で按分した額を毎期費用処理する。なお、発生した年度に全額費用処理することも認められる。

(2) 過去勤務費用の費用処理方法は、定額法によらなければならない。よって、残高の一定割合を費用処理する方法（いわゆる定率法）により費用処理することは認められない。

(3) 当期の利息費用は、期末の退職給付債務に割引率を乗じて算定する。

(4) 勤務費用と利息費用は、原則として売上原価又は販売費及び一般管理費に計上するが、期待運用収益は、営業外収益に計上する。

(5) 勤務費用は、退職給付見込額のうち当期に発生したと認められる額を一定の割引率及び残存勤務期間に基づき割り引いて計算する。

(6) 当期に発生した数理計算上の差異は、当期から費用処理することが原則であるが、翌期から費用処理することも認められる。

■解答欄

1		2		3		4		5		6	

解答・解説　理論問題②

1	○	2	×	3	×	4	×	5	○	6	○

(1)　正しい

(2)　誤り

過去勤務費用は原則として定額法により処理するが、定率法によることも認められている。

(3)　誤り

当期の利息費用は、期首の退職給付債務に割引率を乗じて算定する。

(4)　誤り

期待運用収益は退職給付費用に含めるため、誤りである。

(5)　正しい

(6)　正しい

第20章

資産除去債務

20-1 資産除去債務

重要度A ＿/□ ＿/□ ＿/□

次の資料に基づいて、×６年３月期の財務諸表に計上される各項目の金額を答えなさい。

〔資料〕

1．当社は×４年４月１日に建物を取得し、使用を開始した。なお、当社には当該建物を使用後に除去する法的義務がある。

2．当該建物の取得原価は、6,809円、耐用年数は３年であり、当社は当該建物について残存価額０で定額法により減価償却を行っている。

3．当社が当該建物を除去するときの支出は800円と見積られている。また、資産除去債務は取得時にのみ発生するものとし、割引率は年５％とする。

4．円未満の端数が生じる場合は、四捨五入すること。

■解答欄

建物	円
減価償却累計額	円
資産除去債務	円
減価償却費	円
利息費用	円

解答・解説 資産除去債務

建　　　　　物	7,500　円
減価償却累計額	△5,000　円
資 産 除 去 債 務	762　円
減　価　償　却　費	2,500　円
利　息　費　用	36　円

1．×5年3月期

(1)　×4年4月1日

(借)	建　　　　物	7,500	(貸) 現　金　預　金	6,809
			資 産 除 去 債 務	691※1

※1　資産除去債務：800（除去時の支出額）÷1.05^3≒691

(2)　×5年3月31日（決算整理仕訳）

(借)	減　価　償　却　費	2,500※1	(貸) 減価償却累計額	2,500
(借)	利　息　費　用	35※2	(貸) 資 産 除 去 債 務	35

※1　減価償却費：7,500（建物）÷3年＝2,500

※2　利息費用：691（資産除去債務）×5％≒35

2．×6年3月期

(借)	減　価　償　却　費	2,500※1	(貸) 減価償却累計額	2,500
(借)	利　息　費　用	36※2	(貸) 資 産 除 去 債 務	36

※1　減価償却費：7,500（建物）÷3年＝2,500

※2　利息費用：{691（資産除去債務）＋35（前期利息費用）}×5％≒36

3．×6年3月期の財務諸表計上額

建物：7,500

減価償却累計額：2,500×2年＝△5,000

資産除去債務：691＋35＋36＝762

減価償却費：2,500

利息費用：36

20-2 理論問題①

重要度 B　　／□　／□　／□

次の（　　）の中に入る適切な語句を記入しなさい。

(1) 資産除去債務とは、有形固定資産の取得、建設、開発又は通常の使用によって生じ、当該有形固定資産の除去に関して法令又は契約で要求される（　1　）及びそれに準ずるものをいう。

(2) 時の経過による資産除去債務の調整額は、損益計算書上、当該資産除去債務に関連する有形固定資産の（　2　）と同じ区分に含めて計上する。

(3) 割引前の将来キャッシュ・フローに重要な見積りの変更が生じ、当該キャッシュ・フローが（　3　）する場合、その時点の割引率を適用する。

■解答欄

1		2		3	

解答・解説 理論問題①

1	法律上の義務	2	減価償却費	3	増加

(1) 資産除去債務とは、有形固定資産の取得、建設、開発又は通常の使用によって生じ、当該有形固定資産の除去に関して法令又は契約で要求される(1)法律上の義務及びそれに準ずるものをいう。

(2) 時の経過による資産除去債務の調整額は、損益計算書上、当該資産除去債務に関連する有形固定資産の(2)減価償却費と同じ区分に含めて計上する。

(3) 割引前の将来キャッシュ・フローに重要な見積りの変更が生じ、当該キャッシュ・フローが(3)増加する場合、その時点の割引率を適用する。

重要度 B　/ □　/ □　/ □

次の文章について、正しいと思うものには○印を、正しくないと思うものには×印を解答欄に記入しなさい。

(1) 資産除去債務は、それが発生したときに、有形固定資産の除去に要する割引前の将来キャッシュ・フローを見積り、当該見積額により負債として認識される。

(2) 資産計上された資産除去債務に対する除去費用は、減価償却を通じて各期に配分される。

(3) 時の経過による資産除去債務の調整額は、その発生時の費用として処理し、支払利息として営業外費用の区分に計上される。

(4) 資産除去債務は、貸借対照表日後１年以内にその履行が見込まれるものは流動負債の区分に表示し、１年を超えてその履行が見込まれるものは固定負債として表示する。

(5) 割引前の将来キャッシュ・フローに重要な見積りの変更が生じ、当該キャッシュ・フローが増減する場合、その時の割引率を適用する。

(6) 資産除去債務の履行時に認識される資産除去債務残高と支払額との差額は、損益計算書上、原則として特別損失として計上する。

(7) 建物等の賃借契約において、当該賃借建物等に係る有形固定資産の除去などの原状回復が契約で要求されており、かつ、賃借契約に関する敷金が資産計上されている場合は、資産除去債務を計上せず、かつ、費用認識もしない処理が容認されている。

■解答欄

1		2		3		4		5		6	
7											

解答・解説 理論問題②

1	×	2	○	3	×	4	○	5	×	6	×
7	×										

(1) 誤り

資産除去債務は、それが発生したときに、有形固定資産の除去に要する割引前の将来キャッシュ・フローを見積り、割引後の金額により負債として認識する。

(2) 正しい

(3) 誤り

時の経過による資産除去債務の調整額は、損益計算書上、当該資産除去債務に関連する有形固定資産の減価償却費と同じ区分に含めて計上する。

(4) 正しい

(5) 誤り

割引前の将来キャッシュ・フローに重要な見積りの変更が生じ、当該キャッシュ・フローが増加する場合、その時点の割引率を適用する。これに対し、当該キャッシュ・フローが減少する場合には、負債計上時の割引率を適用する。

(6) 誤り

資産除去債務の履行時に認識される資産除去債務残高と資産除去債務の決済のために実際に支払われた額との差額は、損益計算書上、原則として、当該資産除去債務に対応する除去費用に係る費用配分額と同じ区分に含めて計上する。

(7) 誤り

容認されているのは、資産除去債務の負債計上及びこれに対応する除去費用の資産計上に代えて、当該敷金の回収が最終的に見込めないと認められる金額を合理的に見積り、そのうち当期の負担に属する金額を費用に計上する方法である。

第21章

純資産

21-1 増資

重要度A　／□　／□　／□

次の資料に基づいて、決算整理後残高試算表を作成しなさい。

1．決算整理前残高試算表

残高試算表

×年３月31日　（単位：円）

借方科目	金額	貸方科目	金額
現金預金	800,000	資本金	1,000,000
		資本準備金	500,000

2．参照事項

⑴　当期の10月１日に新株の発行を行い、500,000円の払い込みを受けたが未処理である。

⑵　上記新株の発行に伴い、発行費用9,000円を支払ったが未処理である。なお、当該発行費用は、繰延資産として計上し、規定の最長期間に渡り、定額法により償却を行う。

■解答欄

後T／B　（単位：円）

解答・解説 増資

後T／B (単位：円)

現金預金	1,291,000	資本金	1,500,000
株式交付費	7,500	資本準備金	500,000
株式交付費償却	1,500		

1．未処理事項

(借) 現金預金	500,000	(貸) 資本金	500,000
(借) 株式交付費	9,000	(貸) 現金預金	9,000

2．決算

(借) 株式交付費償却	1,500※1	(貸) 株式交付費	1,500

※1　株式交付費償却：9,000÷３年×６ヶ月／12ヶ月＝1,500

21-2 自己株式・新株予約権

重要度A ＿/□ ＿/□ ＿/□

自己株式に関する各仕訳を答えなさい。

(1) ×４年12月６日に証券市場から自社株150株を12,285,000円で取得し、購入手数料75,000円と合わせて当座から支払った。なお、当該取引前に自己株式は保有していなかった。

(2) ×５年３月１日に新株予約権50個（新株予約権の払込金額@1,800円）が権利行使され、新株予約権者から4,500,000円（行使価格@90,000円）が当座に払い込まれた。なお、当社は25株について新株の発行に代えて自己株式を代用することにした。なお、新株予約権１個につき新株は１株交付される。

※ 資本金への計上額は会社法規定の最低限度額とする。

(3) ×５年４月20日の取締役会で自己株式100株を9,500,000円で処分することを決議されたのを受け、処分を行い、処分代金が当座に振り込まれた。なお、処分費用50,000円を当座預金から支払っている。

■解答欄

(1) （単位：円）

借方科目	金額	貸方科目	金額

(2) （単位：円）

借方科目	金額	貸方科目	金額

(3) （単位：円）

借方科目	金額	貸方科目	金額

解答・解説 自己株式・新株予約権

(1)　(単位：円)

借方科目	金額	貸方科目	金額
自己株式	12,285,000	当座預金	12,360,000
支払手数料	75,000		

(2)　(単位：円)

借方科目	金額	貸方科目	金額
当座預金	4,500,000	資本金	1,147,500
新株予約権	90,000	資本準備金	1,147,500
		自己株式	2,047,500
		その他資本剰余金	247,500

(3)　(単位．円)

借方科目	金額	貸方科目	金額
当座預金	9,450,000	自己株式	8,190,000
支払手数料	50,000	その他資本剰余金	1,310,000

(1)　自己株式の購入

自己株式の取得に要した費用は、自己株式の取得原価に含めず、営業外費用として処理する。

(2)　新株予約権の権利行使（自己株式の代用）

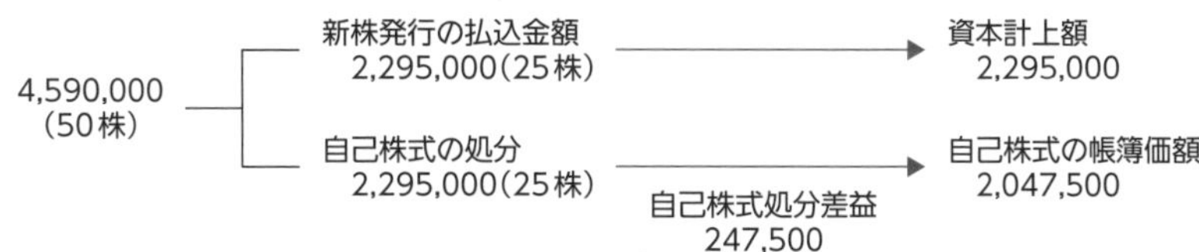

(3)　自己株式の処分

自己株式の処分差額は「その他資本剰余金」として処理するが、自己株式の処分に要した費用は、営業外費用として処理する。なお、自己株式の処分に要した費用は、「株式交付費」（繰延資産）とすることもできる（本問は、問題文に指示がないため、原則通り費用処理する）。

21-3 転換社債型新株予約権付社債①（区分法） 重要度B ／□ ／□ ／□

次の資料に基づき、当期（×５年４月１日～×６年３月31日）の財務諸表を作成しなさい。なお、解答の金額がマイナスとなる場合には、金額の前に△の記号を付すこと。また、日割計算が必要なものは月割計算すること。

１．前期末の貸借対照表の純資産の部（一部）

資本金	800,000千円
資本準備金	150,000千円
自己株式	△29,700千円
新株予約権	100,000千円

２．×４年７月１日に転換社債型新株予約権付社債を次の条件で発行した。

⑴ 社債額面総額　500,000千円

⑵ 発行価額　額面100円につき、社債部分は80円、新株予約権部分は20円

⑶ 利率及び利払期　利率年２％　利払年２回（６月末、12月末）

⑷ 新株予約権の行使による１株あたりの払込価額　100,000円

⑸ 償還期日及び行使期限　×９年６月30日

⑹ 資本金への計上額は会社法規定の最低限度額とする。

⑺ 付与割合　１：１

⑻ 新株予約権の会計処理は区分法による。

３．×５年12月31日に新株予約権付社債の20％について新株予約権の行使の請求があり、新株を発行した。なお、新株の発行に当たって自己株式200株（帳簿価額@99,000円）を代用している。

４．償却原価法の適用に当たっては、定額法によるものとする。

■解答欄

損益計算書（単位：千円）

社債利息	（　　）

貸借対照表（単位：千円）

	未払費用（　　）
	社債（　　）
	資本金（　　）
	資本準備金（　　）
	自己株式（　　）
	新株予約権（　　）

解答・解説　転換社債型新株予約権付社債①（区分法）

損　益　計　算　書　（単位：千円）

社　　債　　利　　息	28,500		

貸　借　対　照　表　（単位：千円）

		未　　払　　費　　用	2,000
		社　　　　　　　債	348,000
		資　　　本　　　金	842,400
		資　本　準　備　金	192,400
		自　　己　　株　　式	△9,900
		新　株　予　約　権	80,000

1．再振替仕訳

（借）未 払 社 債 利 息	2,500	（貸）社　　債　　利　　息	2,500

※　500,000（額面金額）×２％×３ヶ月（X5.1～X5.3）／12ヶ月＝2,500

2．期中仕訳

(1)　×５年６月30日（利払日）

（借）社　　債　　利　　息	5,000	（貸）現　　金　　預　　金	5,000

※　500,000（額面金額）×２％×６ヶ月（X5.1～X5.6）／12ヶ月＝5,000

(2)　×５年12月31日（利払日）

（借）社　　債　　利　　息	5,000	（貸）現　　金　　預　　金	5,000

※　500,000（額面金額）×２％×６ヶ月（X5.7～X5.12）／12ヶ月＝5,000

(3)　×５年12月31日（権利行使時）

①　期首から権利行使時までの償却原価法

（借）社　　債　　利　　息	3,000	（貸）社　　　　　　　債	3,000

※　500,000（額面金額）×20%（権利行使割合）×３%（償却割合）＝3,000

②　権利行使

（借）社　　　　　　　債	86,000※1	（貸）資　　　本　　　金	42,400※3
新　株　予　約　権	20,000※2	資　本　準　備　金	42,400※3
		自　　己　　株　　式	19,800※7
		その他資本剰余金	1,400※8

※１　社債：500,000（額面金額）×20%（権利行使割合）×86%（権利行使時償却原価割合）＝86,000

※２　新株予約権：100,000（前期末の新株予約権）×20%（権利行使割合）＝20,000

※３　資本金・資本準備金：84,800（新株発行の払込金額※4）×１／２＝42,400

※４　新株発行の払込金額：106,000（借方合計）×800株（新株発行数※5）／1,000株（交付株式数※6）＝84,800

※５　新株発行数：1,000株（交付株式数※6）－200株（自己株式代用数）＝800株

※６　交付株式数：500,000（額面金額）×20%（権利行使割合）÷@100（行使価格）＝1,000株

※７　自己株式：200株（自己株式代用数）×@99,000円（自己株式の帳簿価額）＝19,800

※８　その他資本剰余金：21,200（自己株式の処分対価※9）－19,800（自己株式※7）＝1,400

※９　自己株式の処分対価：106,000（借方合計）×200株（自己株式代用数）／1,000株（交付株式数※6）＝21,200

3．決算整理仕訳

(1) 償却原価法

(借) 社債利息	16,000	(貸) 社債	16,000

※ 500,000（額面金額）×80％（未行使割合）×４％（償却割合）＝16,000

(2) 未払社債利息の計上

(借) 社債利息	2,000	(貸) 未払社債利息	2,000

※ 500,000（額面金額）×80％（未行使割合）×２％（クーポン利率）×３ヶ月（X6.1～X6.3）／12ヶ月＝2,000

4．解答の金額

社債利息：100,000（行使分・額面金額）×２％（クーポン利率）×９ヶ月（X5.4～X5.12）／12ヶ月
＋400,000（未行使分・額面金額）×２％（クーポン利率）
＋3,000（行使分・償却額）＋16,000（未行使分・償却額）＝28,500

未払費用：2,000（未払社債利息）

社債：400,000（未行使分・額面金額）×87％（当期末償却原価割合）＝348,000

資本金：800,000（前期末の資本金）＋42,400（権利行使）＝842,400

資本準備金：150,000（前期末の資本準備金）＋42,400（権利行使）＝192,400

自己株式：29,700（前期末の自己株式）－19,800（権利行使）＝△9,900

新株予約権：100,000（前期末の新株予約権）－20,000（権利行使）＝80,000

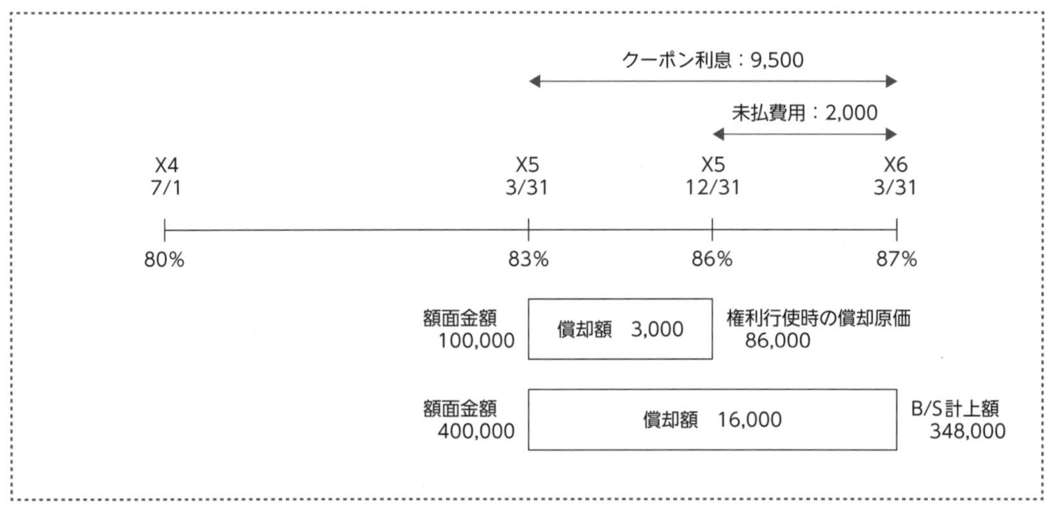

21-4 転換社債型新株予約権付社債②（一括法） 重要度B ／□ ／□ ／□

次の資料に基づき、当期（×１年４月１日～×２年３月31日）の財務諸表を作成しなさい。なお、日割計算が必要なものは月割計算すること。

1．前期末の貸借対照表の純資産の部（一部）

資　本　金	400,000千円
資本準備金	120,000千円

2．×１年４月１日に転換社債型新株予約権付社債を次の条件で発行した。

⑴　社債額面総額　600,000千円

⑵　発行価額　１口100円に対して90円

⑶　利率及び利払期　利率年２％　利払年２回（９月末、３月末）

⑷　償還期間　５年

⑸　行使価格　200千円

⑹　行使期間　×１年７月１日～×８年12月31日

⑺　資本金への計上額は会社法規定の最低限度額とする。

⑻　付与割合　１：１

⑼　新株予約権の会計処理は一括法による。

3．×１年９月30日に新株予約権付社債200,000千円について権利行使された。なお、権利行使に伴い交付した株式は全て新株であった。

4．償却原価法の適用に当たっては定額法によるものとする。

■解答欄

損　益　計　算　書　（単位：千円）

社　債　利　息（　　　）	

貸　借　対　照　表　（単位：千円）

	社　　　債（　　　）
	資　本　金（　　　）
	資本準備金（　　　）

第21章 純資産

解答・解説　転換社債型新株予約権付社債②（一括法）

損益計算書　（単位：千円）

社債利息	20,000	

貸借対照表　（単位：千円）

	社債	368,000
	資本金	491,000
	資本準備金	211,000

1．期中仕訳

(1)　×1年4月1日（発行時）

（借）現金預金	540,000	（貸）社債	540,000

※　600,000（額面金額）×90％（発行価額割合）＝540,000

(2)　×1年9月30日（利払日）

（借）社債利息	6,000	（貸）現金預金	6,000

※　600,000（額面金額）×２％×６ヶ月（X1.4～X1.9）／12ヶ月＝6,000

(3)　×1年9月30日（権利行使時）

①　期首から権利行使時までの償却原価法

（借）社債利息	2,000	（貸）社債	2,000

※　200,000（行使分・額面金額）×１％（償却割合）＝2,000

②　権利行使

（借）社債	182,000※1	（貸）資本金	91,000※2
		資本準備金	91,000※2

※１　社債（払込金額）：200,000（行使分・額面金額）×91％（権利行使時償却原価割合）＝182,000

※２　資本金・資本準備金：182,000（払込金額）×１／２＝91,000

(4)　×2年3月31日（利払日）

（借）社債利息	4,000	（貸）現金預金	4,000

※　400,000（未行使分・額面金額）×２％×６ヶ月（X1.10～X2.3）／12ヶ月＝4,000

2．決算整理仕訳

償却原価法

（借）社　　債　　利　　息	8,000	（貸）社　　　　　　　債	8,000

※　400,000（未行使分・額面金額）×２％（償却割合）＝8,000

3．解答の金額

社債利息：200,000（行使分・額面金額）×２％（クーポン利率）×６ヶ月（X1.4 ～ X1.9）／12 ヶ月
＋400,000（未行使分・額面金額）×２％（クーポン利率）
＋2,000（行使分・償却額）＋8,000（未行使分・償却額）＝20,000

社債：400,000（未行使分・額面金額）×92％（当期末償却原価割合）＝368,000

資本金：400,000（前期末の資本金）＋91,000（権利行使）＝491,000

資本準備金：120,000（前期末の資本準備金）＋91,000（権利行使）＝211,000

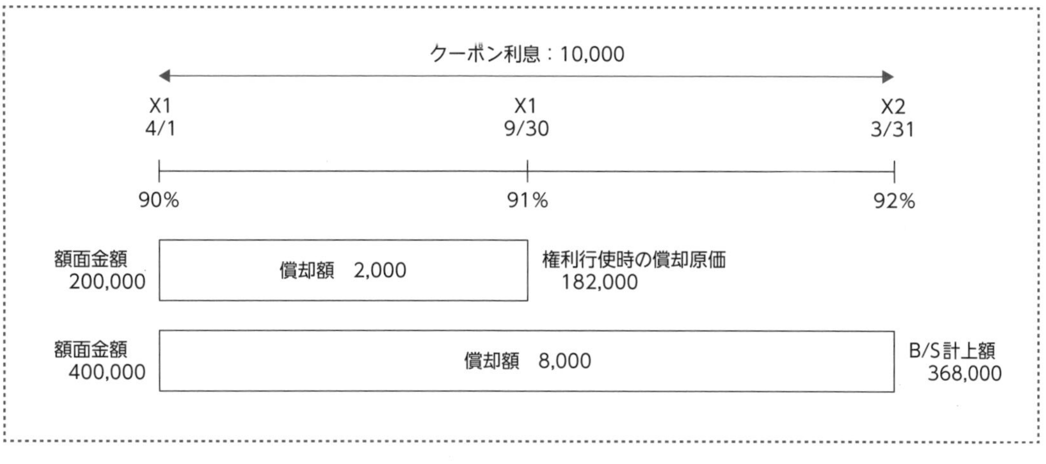

21-5 転換社債型新株予約権付社債以外の新株予約権付社債 重要度B　／□　／□　／□

次の資料に基づき、当期（×３年１月１日～×３年12月31日）の財務諸表を作成しなさい。なお、解答の金額がマイナスとなる場合には、金額の前に△の記号を付すこと。また、日割計算が必要なものは月割計算すること。

〔資料〕

1．前期末の貸借対照表の純資産の部（一部）

資本金	200,000千円
資本準備金	50,000千円
自己株式	△80,000千円
新株予約権	30,000千円

※　前期末時点の自己株式保有数は80株であった。

2．×２年１月１日に転換社債型新株予約権付社債以外の新株予約権付社債を次の条件で発行した。

⑴　発行総額　300,000千円

⑵　発行価格　１口100円に対して100円（社債部分90円、新株予約権部分10円）

⑶　利率及び利払日　利率年２％　利払年２回（６月末、12月末）

⑷　償還期限　×６年12月31日

⑸　行使価格　1,200千円

⑹　行使期間　×２年３月１日～×５年６月30日

⑺　資本金への計上額は会社法規定の最低限度額とする。

⑻　付与割合　１：１

3．×３年９月30日に新株予約権の40％分が権利行使され、現金が払い込まれた。当社は新株を発行する際に、自己株式40株を代用している。

4．償却原価法の適用に当たっては、定額法によるものとする。

■解答欄

損益計算書　（単位：千円）

社債利息（　　）	

貸借対照表　（単位：千円）

	社債（　　）
	資本金（　　）
	資本準備金（　　）
	自己株式（　　）
	新株予約権（　　）

解答・解説　転換社債型新株予約権付社債以外の新株予約権付社債

損　益　計　算　書　（単位：千円）

社　債　利　息	12,000		

貸　借　対　照　表　（単位：千円）

		社　　　債	282,000
		資　本　金	239,600
		資 本 準 備 金	89,600
		自 己 株 式	△40,000
		新 株 予 約 権	18,000

1．期中仕訳

(1)　×3年6月30日（利払日）

（借）社　債　利　息	3,000	（貸）現　金　預　金	3,000

※　300,000（額面金額）×2％×6ヶ月（X3.1～X3.6）／12ヶ月＝3,000

(2)　×3年9月30日（権利行使時）

（借）現　金　預　金	120,000※1	（貸）資　本　金	39,600※3
新 株 予 約 権	12,000※2	資 本 準 備 金	39,600※3
		自 己 株 式	40,000※6
		その他資本剰余金	12,800※7

※1　現金預金：300,000（額面金額）×40％（権利行使割合）＝120,000
※2　新株予約権：30,000（前期末の新株予約権）×40％（権利行使割合）＝12,000
※3　資本金・資本準備金：132,000（借方合計）×60株（新株発行数※4）／100株（交付株式数※5）×1／2＝39,600
※4　新株発行数：100株（交付株式数※5）－40株（代用自己株式数）＝60株
※5　交付株式数：300,000×40％（権利行使割合）÷1,200（権利行使価格）＝100株
※6　自己株式：80,000（前期末の自己株式）÷80株（前期末自己株式数）×40株（代用自己株式数）＝40,000
※7　その他資本剰余金：132,000（借方合計）×40株（代用自己株式数）／100株（交付株式数※5）
－40,000（自己株式※6）＝12,800

(3)　×3年12月31日（利払日）

（借）社　債　利　息	3,000	（貸）現　金　預　金	3,000

※　300,000（額面金額）×2％×6ヶ月（X3.7～X3.12）／12ヶ月＝3,000

2．決算整理仕訳

償却原価法

(借) 社　債　利　息	6,000	(貸) 社　　　　　債	6,000

※　300,000（額面金額）× 2 %（償却割合）＝6,000

3．解答の金額

社債利息：300,000（額面金額）× 2 %（クーポン利率）＋6,000（償却額）＝12,000

社債：300,000（額面金額）×94%（当期末償却原価割合）＝282,000

資本金：200,000（前期末の資本金）＋39,600（権利行使）＝239,600

資本準備金：50,000（前期末の資本準備金）＋39,600（権利行使）＝89,600

自己株式：80,000（前期末の自己株式）－40,000（権利行使）＝△40,000

新株予約権：30,000（前期末の新株予約権）－12,000（権利行使）＝18,000

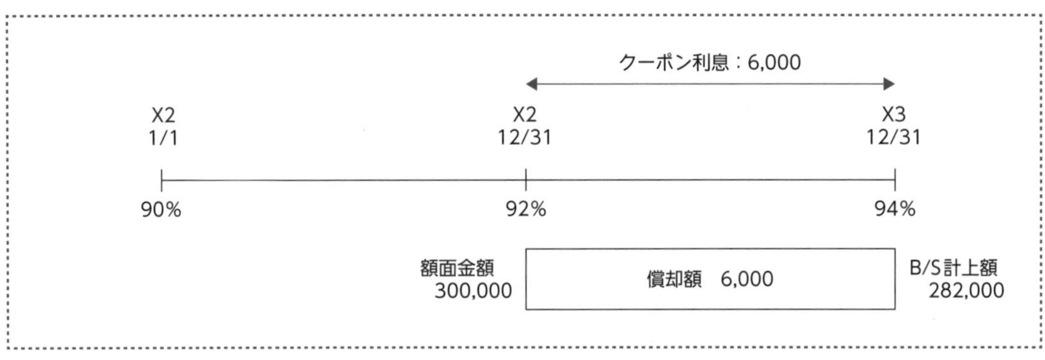

21-6 ストック・オプション

重要度B　/ □　/ □　/ □

次の資料に基づき、解答欄に示した各金額を答えなさい。

1．当社は×３年６月の株主総会において、従業員75名に対して以下の条件のストック・オプションを付与することを決議し、同年７月１日に付与した。なお、当社の決算日は３月末である。

(1) 付与数：従業員１名当たり160個（合計12,000個）

(2) 行使により与えられる株式の数：12,000株（１個につき１株）

(3) 行使時の払込金額：１株当たり31,000円

(4) 権利確定日：×５年６月末日

(5) 行使期間：×５年７月１日から×７年６月末

(6) 付与されたストック・オプションは、他者への譲渡及び一部権利行使はできない。

2．付与日におけるストック・オプションの公正な評価単価は、8,000円/個である。

3．ストック・オプション付与時点での従業員の退職による失効見込みはゼロとする。

4．×５年６月末までに実際に退職したのは、５名であった。

5．年度ごとのストック・オプション数の実績は以下のとおりである。

	未行使数(残数)	失効分(累計)	行使分(累計)	摘要
付与時	12,000	—	—	
×４／３期	11,840	160	—	退職者１名（退職による失効見込みを１名に変更した）
×５／３期	11,520	480	—	退職者２名（退職による失効見込みを３名に変更した）
×６／３期	8,000	800	3,200	×５／４～６月の退職者２名、行使20名

6．新株予約権が行使された際には新株を発行することとし、権利行使に伴う払込金額及び行使された新株予約権の金額の合計額を資本金に計上する。

■解答欄

×５年３月期の損益計算書に計上される株式報酬費用	円
×６年３月期の貸借対照表に計上される新株予約権	円

×５年３月期の損益計算書に計上される株式報酬費用	45,120,000　円
×６年３月期の貸借対照表に計上される新株予約権	64,000,000　円

1．分析図

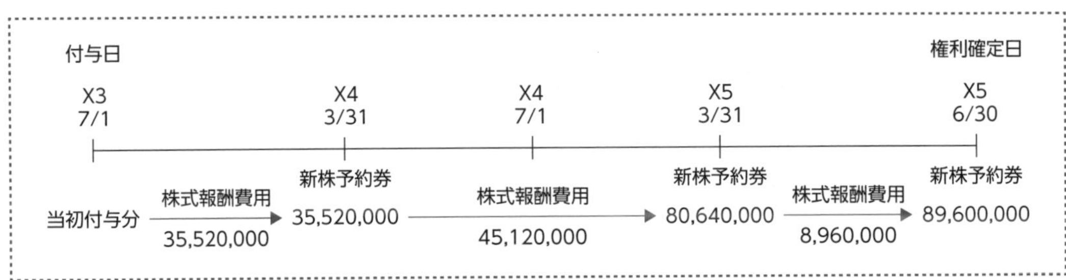

2．仕訳

(1)　×４年３月31日（決算整理仕訳）

(借) 株式報酬費用	35,520,000	(貸) 新株予約権	35,520,000

※　（75名－１名）×160個/名×@8,000×$\frac{\text{9ヶ月（X3.7～X4.3）}}{\text{24ヶ月（X3.7～X5.6）}}$＝35,520,000

(2)　×５年３月31日（決算整理仕訳）

(借) 株式報酬費用	45,120,000	(貸) 新株予約権	45,120,000

※　（75名－３名）×160個/名×@8,000×$\frac{\text{21ヶ月（X3.7～X5.3）}}{\text{24ヶ月（X3.7～X5.6）}}$－35,520,000＝45,120,000

(3)　×５年６月30日（権利確定日）

権利確定日においては、権利確定数（70名）と一致させる点に留意すること。

(借) 株式報酬費用	8,960,000	(貸) 新株予約権	8,960,000

※　（75名－５名）×160個/名×@8,000×$\frac{\text{24ヶ月（X3.7～X5.6）}}{\text{24ヶ月（X3.7～X5.6）}}$－35,520,000－45,120,000＝8,960,000

(4)　×６年３月期（権利行使時）

(借) 現金預金	99,200,000※1	(貸) 資本金	124,800,000
新株予約権	25,600,000※2		

※１　現金預金（払込金額）：20名（権利行使数）×160株/名×31,000/株（権利行使価格）＝99,200,000

※２　新株予約権：20名（権利行使数）×160個/名×@8,000＝25,600,000

3．解答の金額

×５年３月期の株式報酬費用：45,120,000

×６年３月期の新株予約権：35,520,000＋45,120,000＋8,960,000－25,600,000＝64,000,000

又は8,000個（X6.3未行使個数）×@8,000＝64,000,000

21-7 株主資本等変動計算書①

重要度A　／□　／□　／□

次の資料に基づき、当期の株主資本等変動計算書を作成しなさい。なお、解答する金額がマイナスの場合には、金額の前に△の記号を付すこと。また、合計数値が0となる場合「－」とすること。

1．前期末の貸借対照表（一部）

貸　借　対　照　表

×4年３月31日　（単位：千円）

	科目	金額
	資本金	510,000
	資本準備金	150,000
	利益準備金	75,000
	繰越利益剰余金	61,670
	自己株式	△9,840

2．×４年６月25日の定時株主総会で下記の事項が承認された。

⑴　利益剰余金の配当及び処分

配当金　5,000千円

⑵　準備金の減少手続（債権者保護手続は完了している）

資本準備金　80,000千円　　利益準備金　20,000千円

3．×４年７月15日に自己株式1,000株を102,000千円で購入した。

4．×４年10月１日に新株予約権を１個当たり2,100円で3,000個発行した。当該新株予約権の権利行使により発行される新株は3,000株であり、１株の払込金額は105,000円である。

5．×４年11月９日に保有する自己株式80株（帳簿価額9,840千円）を10,720千円で処分した。

6．×４年12月10日に新株予約権500個が権利行使され、払込が完了した。なお、株式交付の際、保有する自己株式100株（帳簿価額@102,000円）を代用している。

7．当期純利益は13,600千円であった。

■解答欄

（単位：千円）

<table>
<tr><th rowspan="3"></th><th colspan="7">株主資本</th><th rowspan="3">新株予約権</th><th rowspan="3">純資産合計</th></tr>
<tr><th rowspan="2">資本金</th><th colspan="2">資本剰余金</th><th colspan="2">利益剰余金</th><th rowspan="2">自己株式</th><th rowspan="2">株主資本
合計</th></tr>
<tr><th>資本準備金</th><th>その他
資本剰余金</th><th>利益準備金</th><th>繰越利益
剰余金</th></tr>
<tr><td>当期首残高</td><td></td><td></td><td></td><td></td><td></td><td></td><td></td><td></td><td></td></tr>
<tr><td>当期変動額</td><td></td><td></td><td></td><td></td><td></td><td></td><td></td><td></td><td></td></tr>
<tr><td>新株予約権
の権利行使</td><td></td><td></td><td></td><td></td><td></td><td></td><td></td><td></td><td></td></tr>
<tr><td>資本準備金
の取崩</td><td></td><td></td><td></td><td></td><td></td><td></td><td></td><td></td><td></td></tr>
<tr><td>利益準備金
の取崩</td><td></td><td></td><td></td><td></td><td></td><td></td><td></td><td></td><td></td></tr>
<tr><td>剰余金の
配当</td><td></td><td></td><td></td><td></td><td></td><td></td><td></td><td></td><td></td></tr>
<tr><td>当期純利益</td><td></td><td></td><td></td><td></td><td></td><td></td><td></td><td></td><td></td></tr>
<tr><td>自己株式の
取得</td><td></td><td></td><td></td><td></td><td></td><td></td><td></td><td></td><td></td></tr>
<tr><td>自己株式の
処分</td><td></td><td></td><td></td><td></td><td></td><td></td><td></td><td></td><td></td></tr>
<tr><td>株主資本以外
の項目の当期
変動額(純額)</td><td></td><td></td><td></td><td></td><td></td><td></td><td></td><td></td><td></td></tr>
<tr><td>当期変動額
合計</td><td></td><td></td><td></td><td></td><td></td><td></td><td></td><td></td><td></td></tr>
<tr><td>当期末残高</td><td></td><td></td><td></td><td></td><td></td><td></td><td></td><td></td><td></td></tr>
</table>

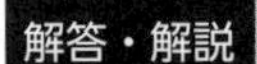

株主資本等変動計算書①

（単位：千円）

	株主資本							新株予約権	純資産合計
	資本金	資本剰余金		利益剰余金		自己株式	株主資本合計		
		資本準備金	その他資本剰余金	利益準備金	繰越利益剰余金				
当期首残高	510,000	150,000	—	75,000	61,670	△9,840	786,830	—	786,830
当期変動額									
新株予約権の権利行使	42,840		510			10,200	53,550		53,550
資本準備金の取崩		△80,000	80,000				—		—
利益準備金の取崩				△20,000	20,000		—		—
剰余金の配当					△5,000		△5,000		△5,000
当期純利益					13,600		13,600		13,600
自己株式の取得						△102,000	△102,000		△102,000
自己株式の処分			880			9,840	10,720		10,720
株主資本以外の項目の当期変動額(純額)								5,250	5,250
当期変動額合計	42,840	△80,000	81,390	△20,000	28,600	△81,960	△29,130	5,250	△23,880
当期末残高	552,840	70,000	81,390	55,000	90,270	△91,800	757,700	5,250	762,950

※1　自己株式は株主資本の控除項目であるため、マイナスの記号を付す。

※2　新株予約権は株主資本以外の項目であるため、変動額の純額のみを記載する。

1．期中仕訳

(1) ×4年6月25日（配当決議時）

① 配当金

(借) 繰越利益剰余金	5,000	(貸) 未払配当金	5,000

※ 資本準備金と利益準備金の合計額が資本金の1／4を超えているため、利益準備金は設定しない。

② 準備金の取崩

(借) 資本準備金	80,000	(貸) その他資本剰余金	80,000
(借) 利益準備金	20,000	(貸) 繰越利益剰余金	20,000

(2) ×4年7月15日（自己株式の取得）

(借) 自己株式	102,000	(貸) 現金預金	102,000

(3) ×4年10月1日（新株予約権の発行）

(借) 現金預金	6,300	(貸) 新株予約権	6,300

(4) ×4年11月9日（自己株式の処分）

(借) 現金預金	10,720	(貸) 自己株式	9,840
		その他資本剰余金	880

(5) ×4年12月10日（権利行使時）

(借) 現金預金	52,500※1	(貸) 資本金	42,840※3
新株予約権	1,050※2	自己株式	10,200※4
		その他資本剰余金	510※5

※1 現金預金：500個（権利行使数）×1株/個×@105,000円（行使価格）＝52,500

※2 新株予約権：500個（権利行使数）×2,100円（発行価格）＝1,050

※3 資本金：53,550（借方合計）×400株（新株発行数）／500株（交付株式数）＝42,840

※4 自己株式：100株（自己株式数）×@102,000円（帳簿価額）＝10,200

※5 その他資本剰余金：10,710（自己株式の処分対価※6）－10,200（帳簿価額※4）＝510（自己株式処分差益）

※6 自己株式の処分対価：53,550（借方合計）×100株（自己株式数）／500株（交付株式数）＝10,710

2．決算振替仕訳

(借) 損益	13,600	(貸) 繰越利益剰余金	13,600

21-8 株主資本等変動計算書② 重要度A　／□　／□　／□

次の資料に基づき、当期の株主資本等変動計算書を作成しなさい。なお、解答する金額がマイナスの場合には、金額の前に△の記号を付すこと。また、合計数値が0となる場合「－」とすること。

1．前期末の貸借対照表（一部）

貸　借　対　照　表

×4年３月31日　（単位：千円）

	科目	金額
	資本金	552,840
	資本準備金	70,000
	その他資本剰余金	81,390
	利益準備金	56,500
	配当平均積立金	15,000
	繰越利益剰余金	53,770
	自己株式	△91,800
	その他有価証券評価差額金	24,000

2．×４年６月25日の定時株主総会で下記の事項が承認された。

(1) 配当平均積立金9,000千円を取り崩す。

(2) 繰越利益剰余金を財源として、次の剰余金の配当及び処分を行う。

配当金　9,000千円　　準備金の積立　（会社法規定の額）

(3) その他資本余剰金を財源として、次の剰余金の配当及び処分を行う。

配当金　9,000千円　　準備金の積立　（会社法規定の額）

3．×４年12月25日の取締役会で中間配当を次のとおり行うことを決議した。

中間配当額　18,000千円　準備金の積立　（会社法規定の額）

※　配当財源は繰越利益剰余金9,000千円、その他資本剰余金9,000千円

4．×５年１月20日に取締役会の決議により、保有する自己株式300株（帳簿価額30,600千円）を21,900千円で処分した。

5．×５年３月15日に取締役会の決議により、保有する自己株式550株（帳簿価額56,100千円）を消却した。

6．当期純利益は16,400千円であった。

7．当期末に保有するその他有価証券100,000千円の時価は94,000千円であった。その他有価証券は全部純資産直入法により処理し、税効果会計は適用しない。

■解答欄

（単位：千円）

	株主資本								評価換算差額等	純資産合計
	資本金	その他資本剰余金		利益剰余金			自己株式	株主資本合計	その他有価証券評価差額金	
		資本準備金	その他資本剰余金	利益準備金	配当平均積立金	繰越利益剰余金				
当期首残高										
当期変動額										
その他資本剰余金の相殺										
配当平均積立金の取崩										
剰余金の配当										
当期純利益										
自己株式の処分										
自己株式の消却										
株主資本以外の項目の当期変動額（純額）										
当期変動額合計										
当期末残高										

解答・解説 株主資本等変動計算書②

（単位：千円）

	株主資本								評価換算差額等	純資産合計
	資本金	その他資本剰余金		利益剰余金			自己株式	株主資本合計	その他有価証券評価差額金	
		資本準備金	その他資本剰余金	利益準備金	配当平均積立金	繰越利益剰余金				
当期首残高	552,840	70,000	81,390	56,500	15,000	53,770	△91,800	737,700	24,000	761,700
当期変動額										
その他資本剰余金の相殺			3,210			△3,210		—		—
配当平均積立金の取崩					△9,000	9,000		—		—
剰余金の配当		1,800	△19,800	1,800		△19,800		△36,000		△36,000
当期純利益						16,400		16,400		16,400
自己株式の処分			△8,700				30,600	21,900		21,900
自己株式の消却			△56,100				56,100	—		—
株主資本以外の項目の当期変動額（純額）									△30,000	△30,000
当期変動額合計	—	1,800	△81,390	1,800	△9,000	2,390	86,700	2,300	△30,000	△27,700
当期末残高	552,840	71,800	—	58,300	6,000	56,160	△5,100	740,000	△6,000	734,000

1．再振替仕訳

(借) その他有価証券評価差額金	24,000	(貸) 投資有価証券	24,000

2．期中仕訳

(1) ×4年6月25日（定時株主総会の決議時）

① 配当平均積立金の取崩

(借) 配当平均積立金	9,000	(貸) 繰越利益剰余金	9,000

② 繰越利益剰余金からの配当

(借) 繰越利益剰余金	9,900	(貸) 利益準備金	900※
		未払配当金	9,000

③ その他資本剰余金からの配当

(借) その他資本剰余金	9,900	(貸) 資本準備金	900※
		未払配当金	9,000

※ 資本準備金・利益準備金

① 552,840（資本金）×1／4－{70,000（資本準備金）＋56,500（利益準備金）}＝11,710

② 9,000（繰越利益剰余金からの配当）×1／10＋9,000（その他資本剰余金からの配当）×1／10＝1,800

② 1,800＜① 11,710　∴ 積立額 1,800

(2) ×4年12月15日（中間配当）

① 繰越利益剰余金からの配当

(借) 繰越利益剰余金	9,900	(貸) 利益準備金	900※
		未払配当金	9,000

② その他資本剰余金からの配当

(借) その他資本剰余金	9,900	(貸) 資本準備金	900※
		未払配当金	9,000

※ 資本準備金・利益準備金

① 552,840（資本金）×1／4－{70,900（資本準備金）＋57,400（利益準備金）}＝9,910

② 9,000（繰越利益剰余金からの配当）×1／10＋9,000（その他資本剰余金からの配当）×1／10＝1,800

② 1,800＜① 9,910　∴ 積立額 1,800

(3) ×5年1月20日（自己株式の処分）

(借) 現金預金	21,900	(貸) 自己株式	30,600
その他資本剰余金	8,700		

(4) ×5年3月15日（自己株式の消却）

(借) その他資本剰余金	56,100	(貸) 自己株式	56,100

3．決算整理仕訳・決算振替仕訳

(1) その他資本剰余金と繰越利益剰余金の相殺

(借) 繰越利益剰余金	3,210	(貸) その他資本剰余金	3,210

※ 81,390（前期末B/S）－9,900（剰余金の配当）－9,900（中間配当）

－56,100（自己株式の消却）－8,700（自己株式処分差損）＝△3,210

※ その他資本剰余金が期末時点において、負の残高の場合には、決算整理仕訳により繰越利益剰余金と相殺する。

(2) その他有価証券の時価評価

(借) その他有価証券評価差額金	6,000	(貸) 投資有価証券	6,000

※ 94,000（時価）－100,000（帳簿価額）＝△6,000

(3) 当期純利益の振替

(借) 損益	16,400	(貸) 繰越利益剰余金	16,400

第21章 純資産

21-9 理論問題①

重要度B　/ □　/ □　/ □

次の各文章の（　）の中に入る適切な語句を記入しなさい。

(1) 貸借対照表は、資産の部、負債の部及び純資産の部に区分し、純資産の部は、（ 1 ）と（ 1 ）以外の各項目に区分する。個別貸借対照表において（ 1 ）以外の各項目は、（ 2 ）、株式引受権、新株予約権に区分される。

(2) 利益剰余金は、（ 3 ）と（ 4 ）に分類され、任意積立金は、（ 4 ）の区分に表示される。

(3) 株主からの払込資本は原則として資本金とするが、一部を資本金としないことも認められる。この場合、資本金としなかった金額は（ 5 ）として処理する。

(4) 取得した自己株式は、（ 6 ）をもって純資産の部の（ 1 ）から控除する。

(5) ストック・オプションの公正な評価額を（ 7 ）にわたり各期に配分した額が、ストック・オプションに係る各期の費用計上額となる。

■解答欄

1		2		3	
4		5		6	
7					

解答・解説 理論問題①

1	株主資本	2	評価・換算差額等	3	利益準備金
4	その他利益剰余金	5	資本準備金	6	取得原価
7	対象勤務期間				

⑴ 貸借対照表は、資産の部、負債の部及び純資産の部に区分し、純資産の部は、⑴株主資本と⑴株主資本以外の各項目に区分する。個別貸借対照表において⑴株主資本以外の各項目は、⑵評価・換算差額等、株式引受権、新株予約権に区分される。

⑵ 利益剰余金は、⑶利益準備金と⑷その他利益剰余金に分類され、任意積立金は、⑷その他利益剰余金の区分に表示される。

⑶ 株主からの払込資本は原則として資本金とするが、一部を資本金としないことも認められる。この場合、資本金としなかった金額は⑸資本準備金として処理する。

⑷ 取得した自己株式は、⑹取得原価をもって純資産の部の⑴株主資本から控除する。

⑸ ストック・オプションの公正な評価額を⑺対象勤務期間にわたり各期に配分した額が、ストック・オプションに係る各期の費用計上額となる。

第21章 純資産

21-10 理論問題②

重要度B　/ □　/ □　/ □

次の文章について、正しいと思うものには○印を、正しくないと思うものには×印を解答欄に記入しなさい。

⑴　自己株式の取得に係る付随費用は、自己株式の取得原価には含めない。

⑵　帳簿価額1,000円の自己株式を1,500円で処分した場合、営業外収益が500円大きくなる。

⑶　期末に保有する自己株式は、その保有目的に従って評価される。

⑷　株主資本等変動計算書とは、貸借対照表の純資産の部の一会計期間の変動を報告するための財務諸表である。よって、株主資本等変動計算書には、原則として純資産の各項目の変動事由を表示する。なお、株主資本以外の各項目は、変動額の純額を示すこともできる。

⑸　資本剰余金の各項目は、利益剰余金の各項目と混同してはならない。したがって、資本剰余金の利益剰余金への振替は原則として認められない。

⑹　期末時点でその他資本剰余金が負の残高である場合、資本金や資本準備金の残高があったとしても、繰越利益剰余金と相殺する。

⑺　新株予約権付社債を発行した場合、転換社債型以外の新株予約権付社債の場合には区分法により、転換社債型新株予約権付社債の場合には一括法により処理される。

⑻　転換社債型新株予約権付社債を一括法により処理した場合、貸借対照表に新株予約権は計上されず、払込金額の全額が負債の部に計上される。

⑼　ストック・オプションを付与し、これに応じて従業員等からサービスを取得した場合、これに応じて費用として計上し、当該金額を貸借対照表の負債の部に計上する。

⑽　ストック・オプションが権利不行使により失効した場合には、新株予約権として計上した額のうち、当該失効に対応する部分を払込資本に振り替える。

■解答欄

1		2		3		4		5		6	
7		8		9		10					

解答・解説 理論問題②

1	○	2	×	3	×	4	×	5	○	6	○
7	×	8	○	9	×	10	×				

(1) 正しい

(2) 誤り

自己株式処分差益はその他資本剰余金として処理するため、誤りである。

(3) 誤り

自己株式は取得原価をもって評価する。

(4) 誤り

株主資本以外の各項目は、変動額の純額のみを示す方法が原則である。

(5) 正しい

(6) 正しい

(7) 誤り

転換社債型新株予約権付社債は、区分法又は一括法により処理される。

(8) 正しい

(9) 誤り

ストック・オプションを付与し、費用として計上した金額は、貸借対照表の純資産の部に新株予約権として計上する。

(10) 誤り

権利不行使による失効が生じた場合には、新株予約権として計上した額のうち、当該失効に対応する部分を利益として計上する。

第22章

会計方針の開示、会計上の変更及び誤謬の訂正

22-1 会計上の変更及び誤謬の訂正 重要度B ／□ ／□ ／□

次の資料に基づき、解答欄に示した遡及処理後の財務諸表に当てはまる①～⑩の金額を答えなさい。なお、解答の金額がマイナスとなる場合には、金額の前に△の記号を付すこと。

1．前期の財務諸表（単位：千円）

損益計算書
×3年4月1日～×4年3月31日

Ⅰ 売上高		65,600
Ⅱ 売上原価		
1 期首商品棚卸高	1,000	
2 当期商品仕入高	50,000	
計	51,000	
3 期末商品棚卸高	1,500	49,500
売上総利益		16,100
Ⅲ 販売費及び一般管理費		
1 その他の販売費及び一般管理費	8,250	
2 建物減価償却費	3,750	
3 備品減価償却費	2,500	
4 のれん償却額	100	14,600
税引前当期純利益		1,500
法人税等	680	
法人税等調整額	△80	600
当期純利益		900

株主資本等変動計算書
×3年4月1日～×4年3月31日

	繰越利益剰余金
当期首残高	6,400
当期変動額	
当期純利益	900
当期末残高	7,300

貸　借　対　照　表

×4年3月31日

諸資産	12,600	諸負債	30,000
商品	1,500	資本金	3,000
建物	30,000	繰越利益剰余金	7,300
建物減価償却累計額	△7,500		
備品	5,000		
備品減価償却累計額	△2,500		
のれん	800		
繰延税金資産	400		
	40,300		40,300

2．その他の参考資料

⑴　棚卸資産の評価方法

当期において、棚卸資産の評価方法を総平均法から先入先出法に変更する会計方針の変更を行った。総平均法と先入先出法を採用した場合のデータは以下のとおりである。なお、当期の仕入高は60,000千円、当期末の先入先出法を採用した場合の期末帳簿棚卸高は2,000千円である。

	前期首残高	前期仕入高	前期売上原価	前期末残高
総平均法	1,000千円	50,000千円	49,500千円	1,500千円
先入先出法	800千円	50,000千円	49,600千円	1,200千円

⑵　有形固定資産の減価償却

①　保有する建物は、すべて、前々期首に取得したものであり、耐用年数8年、残存価額ゼロの定額法により減価償却を実施してきた。なお、当期首において、耐用年数の見直しを行い、耐用年数を6年に変更することとした。

②　保有する備品は、すべて、前期首に取得したものであり、耐用年数5年、残存価額ゼロの定率法（償却率年0.5）により減価償却を実施してきた。なお、当期において、減価償却方法を定率法から定額法に変更する会計方針の変更を行った。

⑶　のれんの償却

前々期首に買収を行った際に、のれんを1,000千円計上している。当該のれんについて、5年間にわたり定額法で償却することとしたが、毎期ののれん償却額を100千円としていた。よって、当該誤謬を修正する。

⑷　法定実効税率を40%として税効果会計を適用している。

■解答欄

遡及処理後の前期の財務諸表（単位：千円）

損益計算書

×3年4月1日～×4年3月31日

Ⅰ 売上高		(　　)
Ⅱ 売上原価		
1 期首商品棚卸高	(　　)	
2 当期商品仕入高	(　　)	
計	(　　)	
3 期末商品棚卸高	(　　)	(①)
売上総利益		(　　)
Ⅲ 販売費及び一般管理費		
1 その他の販売費及び一般管理費	(　　)	
2 建物減価償却費	(②)	
3 備品減価償却費	(③)	
4 のれん償却額	(④)	(　　)
税引前当期純利益		(　　)
法人税等	(　　)	
法人税等調整額	(　　)	(　　)
当期純利益		(⑤)

株主資本等変動計算書

×3年4月1日～×4年3月31日

	繰越利益剰余金
当期首残高	(　　)
会計方針の変更による累積的影響額	(⑥)
誤謬の訂正による累積的影響額	(⑦)
遡及処理後当期首残高	(　　)
当期変動額	
当期純利益	(　　)
当期末残高	(　　)

貸借対照表

×4年3月31日

借方		貸方	
諸資産	（　　）	諸負債	（　　）
商品	（ ⑧ ）	資本金	（　　）
建物	（　　）	繰越利益剰余金	（　　）
建物減価償却累計額	（　　）		
備品	（　　）		
備品減価償却累計額	（　　）		
のれん	（ ⑨ ）		
繰延税金資産	（ ⑩ ）		
	（　　）		（　　）

第22章 会計方針の開示、会計上の変更及び誤謬の訂正

解答・解説　会計上の変更及び誤謬の訂正

損益計算書
×3年4月1日～×4年3月31日

Ⅰ 売上高		65,600
Ⅱ 売上原価		
1 期首商品棚卸高	800	
2 当期商品仕入高	50,000	
計	50,800	
3 期末商品棚卸高	1,200	① 49,600
売上総利益		16,000
Ⅲ 販売費及び一般管理費		
1 その他の販売費及び一般管理費	8,250	
2 建物減価償却費	② 3,750	
3 備品減価償却費	③ 2,500	
4 のれん償却額	④ 200	14,700
税引前当期純利益		1,300
法人税等	680	
法人税等調整額	△160	520
当期純利益		⑤ 780

株主資本等変動計算書
×3年4月1日～×4年3月31日

	繰越利益剰余金
当期首残高	6,400
会計方針の変更による累積的影響額	⑥ △120
誤謬の訂正による累積的影響額	⑦ △60
遡及処理後当期首残高	6,220
当期変動額	
当期純利益	780
当期末残高	7,000

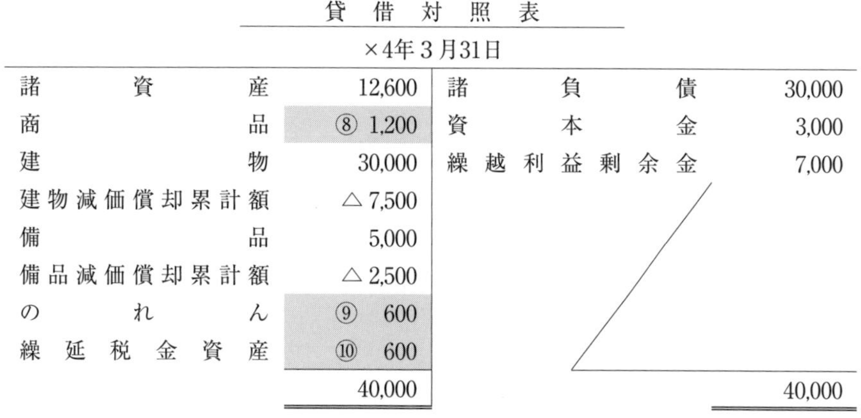

貸借対照表

×4年3月31日

諸資産	12,600	諸負債	30,000
商品	⑧ 1,200	資本金	3,000
建物	30,000	繰越利益剰余金	7,000
建物減価償却累計額	△7,500		
備品	5,000		
備品減価償却累計額	△2,500		
のれん	⑨ 600		
繰延税金資産	⑩ 600		
	40,000		40,000

1．分析

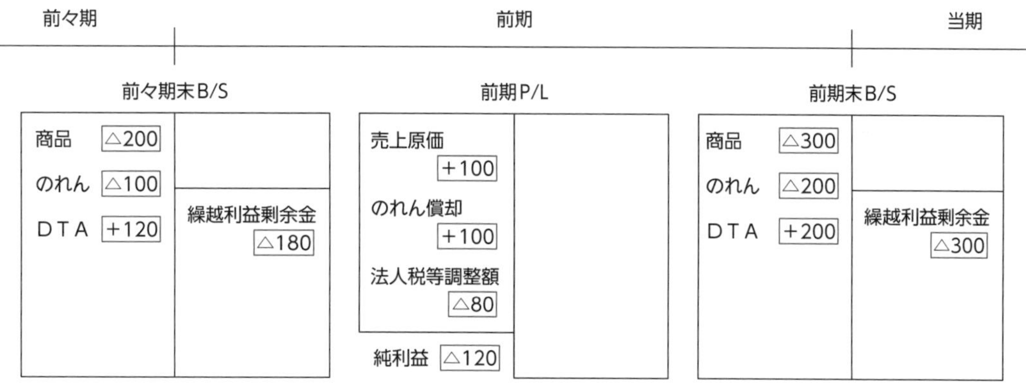

2．棚卸資産の評価方法の変更（会計方針の変更）

会計方針の変更は、遡及適用を行い、表示期間の財務諸表は、先入先出法に基づき作成する。

(1) 会計方針の変更に伴う遡及適用の仕訳

（借）利益剰余金－期首残高	200※2	（貸）商品	300※1
売上原価	100※3		

※1　商品：1,500（前期末・総平均法）－1,200（前期末・先入先出法）＝300（減少）
※2　利益剰余金：1,000（前期首・総平均法）－800（前期首・先入先出法）＝200（減少）
※3　売上原価：49,500（前期売上原価・総平均法）－49,600（前期売上原価・先入先出法）＝100（増加）

(2) 税金費用に関する仕訳

（借）繰延税金資産	120※1	（貸）利益剰余金－期首残高	80※2
		法人税等調整額	40※3

※1　繰延税金資産：300（上記仕訳※1）×40%（税率）＝120
※2　利益剰余金：200（上記仕訳※2）×40%（税率）＝80
※3　法人税等調整額：100（上記仕訳※3）×40%（税率）＝40

3．建物の耐用年数の変更

耐用年数の変更は、会計上の見積りの変更であるため、遡及処理は行わない。

4．備品の減価償却方法の変更

減価償却方法の変更は、会計方針の変更ではあるが、会計上の見積りの変更と同様に処理するため、遡及処理は行わない。

5．のれん償却に係る誤謬の訂正

誤謬の訂正は、修正再表示を行う。

(1) 誤謬の訂正に伴う修正再表示の仕訳

(借)	利益剰余金－期首残高	100※2	(貸)	の　れ　ん	200※1
	の れ ん 償 却 額	100※3			

※1　のれん：{1,000（のれん計上額）÷5年－100（遡及処理前のれん償却額）}×2年＝200

※2　利益剰余金：1,000（のれん計上額）÷5年－100（遡及処理前のれん償却額）＝100

※3　のれん償却額：1,000（のれん計上額）÷5年－100（遡及処理前のれん償却額）＝100

(2) 税金費用に関する仕訳

(借)	繰 延 税 金 資 産	80※1	(貸)	利益剰余金－期首残高	40※2
				法 人 税 等 調 整 額	40※3

※1　繰延税金資産：200（上記仕訳※1）×40%（税率）＝80

※2　利益剰余金：100（上記仕訳※2）×40%（税率）＝40

※3　法人税等調整額：100（上記仕訳※3）×40%（税率）＝40

6．解答の金額

① 売上原価：49,600（先入先出法の前期売上原価）

② 建物減価償却費：3,750（遡及処理前計上額）

③ 備品減価償却費：2,500（遡及処理前計上額）

④ のれん償却額：1,000（のれん計上額）÷5年＝200

⑤ 当期純利益：900（遡及処理前計上額）－{100（売上原価）＋100（のれん償却額）}×{1－40%（税率）}＝780

⑥ 会計方針の変更による累積的影響額：△200×{1－40%（税率）}＝△120

⑦ 誤謬の訂正による累積的影響額：△100×{1－40%（税率）}＝△60

⑧ 商品：1,200（先入先出法の前期末商品）

⑨ のれん：1,000（のれん計上額）×3年／5年＝600

⑩ 繰延税金資産：400（遡及処理前計上額）＋120（会計方針の変更）＋80（誤謬の訂正）＝600

22-2 理論問題①

重要度B　/ □　/ □　/ □

次の（　　）の中に入る適切な語句を記入しなさい。

⑴　会計方針は、（　1　）により変更を行う場合を除き、毎期継続して適用する。

⑵　会計方針の変更に関する原則的な取扱いは、次のとおりとする。

①　会計基準等の改正に伴う会計方針の変更の場合

会計基準等に特定の経過的な取扱いが定められていない場合には、新たな会計方針を過去の期間のすべてに（　2　）する。会計方針等に特定の経過的な取扱いが定められている場合には、その経過的な取扱いに従う。

②　①以外の正当な理由による会計方針の変更の場合

新たな会計方針を過去の期間のすべてに（　2　）する。

⑶　財務諸表の表示方法を変更した場合には、原則として表示する過去の財務諸表について、新たな表示方法に従い財務諸表の（　3　）を行う。

⑷　過去の財務諸表における誤謬が発見された場合には、（　4　）する。

■解答欄

1		2		3	
4					

解答・解説 理論問題①

1	正当な理由	2	遡及適用	3	組替え
4	修正再表示				

⑴　会計方針は、⑴正当な理由により変更を行う場合を除き、毎期継続して適用する。

⑵　会計方針の変更に関する原則的な取扱いは、次のとおりとする。

①　会計基準等の改正に伴う会計方針の変更の場合

会計基準等に特定の経過的な取扱いが定められていない場合には、新たな会計方針を過去の期間のすべてに⑵遡及適用する。会計方針等に特定の経過的な取扱いが定められている場合には、その経過的な取扱いに従う。

②　①以外の正当な理由による会計方針の変更の場合

新たな会計方針を過去の期間のすべてに⑵遡及適用する。

⑶　財務諸表の表示方法を変更した場合には、原則として表示する過去の財務諸表について、新たな表示方法に従い財務諸表の⑶組替えを行う。

⑷　過去の財務諸表における誤謬が発見された場合には、⑷修正再表示する。

22-3 理論問題②

重要度B　／□　／□　／□

次の文章について、正しいと思うものには○印を、正しくないと思うものには×印を解答欄に記入しなさい。

(1) 有形固定資産について、耐用年数や残存価額を変更する場合、当該変更は継続性の原則に関係するため、正当な理由により変更した場合には、これを重要な会計方針の変更として財務諸表に注記する。

(2) 会計基準等の改正に伴う会計方針の変更以外の正当な理由により会計方針を変更した場合、新たな会計方針を過去の期間のすべてに遡及適用する。

(3) 会計方針の変更を会計上の見積りの変更と区別することが困難な場合については、会計上の見積りの変更と同様に取り扱い、遡及適用は行わない。具体的には、減価償却方法の変更が該当する。

(4) 有形固定資産の耐用年数の変更について、過去に定めた耐用年数がその時点での合理的な見積りに基づくものでなく、これを事後的に合理的な見積りに基づいたものに変更する場合は、会計上の見積りの変更に該当する。

(5) 誤謬とは、会計方針の適用の誤りや事実の見落としから生じる会計上の見積りの誤りなどの財務諸表の意図的でない虚偽の表示をいい、重要な誤謬である場合には修正再表示を求めることとしている。

■解答欄

1		2		3		4		5	

解答・解説 理論問題②

1	×	2	○	3	○	4	×	5	×

⑴ 誤り

有形固定資産の耐用年数や残存価額の変更は、会計上の見積りの変更に該当するため、変更の影響を変更後の会計期間の減価償却計算に吸収させる。

⑵ 正しい

⑶ 正しい

⑷ 誤り

過去に定めた耐用年数がその時点での合理的な見積りに基づくものではない場合、過去の誤謬に該当する。よって、修正再表示を行う必要がある。

⑸ 誤り

誤謬には、意図的でない虚偽の表示のみならず意図的な虚偽の表示も含まれる。

第23章

四半期財務諸表

23-1 税金費用の計算

重要度C　／□　／□　／□

次の資料に基づき、当期の第２四半期損益計算書における税金費用の金額を答えなさい。

1．税金費用は、年度の税引前当期純利益に対する、税効果適用後の実効税率を合理的に見積り、税引前四半期純利益に当該見積実効税率を乗じて計算する。

2．見積実効税率算定のための資料は以下のとおりである。

(1)　予想年間税引前当期純利益：60,000千円

(2)　交際費損金不算入額（年間予想額）：5,000千円

(3)　受取配当金の益金不算入額（年間予想額）：8,000千円

(4)　減価償却の償却超過額（年間予想額）：6,000千円

3．第１四半期会計期間税引前純利益は12,000千円、第２四半期会計期間税引前純利益は14,000千円であった。

4．当社の法人税等の実効税率は40%とする。なお、見積実効税率の計算結果に端数が生じる場合には%未満を切り捨てるものとする。

■解答欄

千円

解答・解説　税金費用の計算

9,880千円

1．見積実効税率の算定

(1)　年間の税金費用の予想額

予想年間税引前当期純利益	60,000
減価償却の償却超過額	6,000
交際費損金不算入額	5,000
受取配当金の益金不算入額	△8,000
調整後税引前当期純利益	63,000
法人税等の実効税率	×40%
税金費用（年間予想）	25,200

(2)　年間の損益計算書（予想）

税引前当期純利益		60,000	
法人税等	25,200		
法人税等調整額※	△2,400	22,800	（税効果適用後予想年間税金費用）
当期純利益		37,200	

※　法人税等調整額：6,000（減価償却の償却超過額）×40%＝2,400

(3)　見積実効税率

22,800（税効果適用後予想年間税金費用）÷60,000（税引前当期純利益）＝38%

2．解答の金額

{12,000（第１四半期会計期間税引前利益）

＋14,000（第２四半期会計期間税引前利益）}×38%（見積実効税率）＝9,880

※　四半期損益計算書の開示対象期間は原則として、期首からの累計期間となるため、第１四半期から第２四半期までの金額で解答する必要がある。

23-2 原価差異の繰延処理

重要度C　／□　／□　／□

以下の資料に基づいて、各金額を答えなさい。

1．当社は、標準原価計算を採用している。当社は大規模装置を所有しており、当該装置については当年度の第２四半期に２ヶ月稼働を停止し、修繕を行うことになっている。そのため、修繕に伴う操業度の変動に起因して原価差異が生じるが、当該原価差異は原価計算期間末（年度の会計期間末）までにほぼ解消が見込まれる。

2．各四半期の予想操業度は次のとおりである。なお、製品１個当たりの標準原価は@200円である。

	第１四半期	第２四半期	第３四半期	第４四半期
予想操業度（個）	300,000	100,000	300,000	300,000

3．第３四半期までの実際発生額は次のとおりである。

	第１四半期	第２四半期	第３四半期
実際発生額	52,200千円	42,500千円	53,500千円

4．各四半期末において、実際操業度は概ね予想操業度どおりであり、その後も予想通りの操業度になることが見込まれている。

■解答欄

第３四半期損益計算書の売上原価	千円
第３四半期貸借対照表の繰延原価差額※	千円

※　貸方残高の場合には△の記号を付すこと

解答・解説 原価差異の繰延処理

第３四半期損益計算書の売上原価	140,000千円
第３四半期貸借対照表の繰延原価差額※	8,200千円

※　貸方残高の場合には△の記号を付すこと

１．各四半期の標準原価

第１四半期：@200円×300,000個＝60,000

第２四半期：@200円×100,000個＝20,000

第３四半期：@200円×300,000個＝60,000

第４四半期：@200円×300,000個＝60,000

２．原価差異の繰延処理

⑴　第１四半期

(借) 売上原価（原価差異）	7,800	(貸) 繰延原価差額	7,800

※　52,200（第１Ｑ実際発生額）－60,000（第１Ｑ標準原価）＝7,800（有利差異）

⑵　第２四半期

(借) 繰延原価差額	22,500	(貸) 売上原価（原価差異）	22,500

※　42,500（第２Ｑ実際発生額）－20,000（第２Ｑ標準原価）＝22,500（不利差異）

⑶　第３四半期

(借) 売上原価（原価差異）	6,500	(貸) 繰延原価差額	6,500

※　53,500（第３Ｑ実際発生額）－60,000（第３Ｑ標準原価）＝6,500（有利差異）

３．解答の金額

売上原価：60,000（第１Ｑ標準原価）＋20,000（第２Ｑ標準原価）＋60,000（第３Ｑ標準原価）

＝140,000

繰延原価差額：△7,800（第１Ｑ）＋22,500（第２Ｑ）－6,500（第３Ｑ）＝8,200（借方残高）

第24章

収益認識

24-1 財又はサービスに対する保証

重要度A　/ □　/ □　/ □

以下の資料に基づき、当期（×1年4月1日～×2年3月31日）の財務諸表に計上される各金額を答えなさい。

1．×2年3月31日に、当社は製品Aの販売とともに、製品保証を提供する契約を顧客と締結した。取引価格は390,000円であり、現金を受け取った。
2．製品保証には、購入日から半年間にわたり製品Aが合意された仕様に従って機能するという保証（基本保証）と、基本保証の終了から2年間はあらゆる欠陥について修理または交換が行われる保証（延長保証）が含まれる。
3．当社は通常、延長保証を付けずに製品Aを独立して販売しており、延長保証も別個販売している。独立販売価格は以下のとおりである。なお、延長保証による保証サービスは、保証期間にわたり継続的に提供される。

製品A	380,000円
延長保証による保証サービス	20,000円
合計	400,000円

4．当期の決算にあたり、基本保証に見込まれる費用は900円と見積もった。

■解答欄

損益計算書の売上高	円
損益計算書の製品保証引当金繰入額	円
貸借対照表の契約負債	円
貸借対照表の製品保証引当金	円

解答・解説　財又はサービスに対する保証

損益計算書の売上高	370,500円
損益計算書の製品保証引当金繰入額	900円
貸借対照表の契約負債	19,500円
貸借対照表の製品保証引当金	900円

1．製品Ａの販売時

(借)	現金預金	390,000	(貸)	売上高	370,500※1
				契約負債	19,500※2

※１　売上高：390,000（取引価格）×380,000（製品Ａ独立販売価格）／400,000（独立販売価格合計）＝370,500

※２　契約負債：390,000（取引価格）×20,000（保証独立販売価格）／400,000（独立販売価格合計）＝19,500

2．決算整理仕訳

(借)	製品保証引当金繰入額	900	(貸)	製品保証引当金	900

24-2 カスタマー・ロイヤリティ・プログラム 重要度A ／□ ／□ ／□

以下の資料に基づき、×２年度の財務諸表に計上される各金額を答えなさい。計算上、端数が生じる場合は円未満を四捨五入すること。

１．当社は顧客が商品を10円分購入するごとに１ポイントを付与している。顧客は、当社の商品を将来購入する際に１ポイントあたり１円の値引きを受けることができる。当社のポイントは、契約を締結しなければ顧客が受け取れない重要な権利を顧客に提供するものであるため、顧客へのポイントの付与により履行義務が生じるものである。

２．商品の販売に関する事項

⑴　×１年度中に、当社は顧客に商品100,000円（独立販売価格と同額）を現金で販売し、将来の当社の商品購入に利用できるポイント（10,000ポイント）を顧客に付与した。

⑵　当社は商品の販売時点で将来8,000ポイントが使用されると見込んだ。当社は顧客により使用される可能性を考慮して、１ポイントあたりの独立販売価格を0.8円（合計額8,000円（＝0.8円×10,000ポイント））と見積った。

⑶　当社は×２年度において使用されるポイント総数の見積りを8,500ポイントに変更した。

⑷　各年度に使用されたポイント、決算日までに使用されたポイント累計及び使用されると見込むポイント総数は次のとおりである。

	×１年度	×２年度
各年度に使用されたポイント	3,000	4,000
決算日までに使用されたポイント累計	3,000	7,000
使用されると見込むポイント総数	8,000	8,500

■解答欄

損益計算書の売上高	円
貸借対照表の契約負債	円

解答・解説 カスタマー・ロイヤリティ・プログラム

損益計算書の売上高	3,322円
貸借対照表の契約負債	1,307円

1．仕訳

(1) 商品販売時

(借) 現金預金	100,000	(貸) 売上高	92,593※1
		契約負債	7,407※2

※1 売上高：100,000×100,000（商品独立販売価格）÷{100,000（商品独立販売価格）＋8,000（ポイント独立販売価格）}≒92,593

※2 契約負債：100,000×8,000（ポイント独立販売価格）÷{100,000（商品独立販売価格）＋8,000（ポイント独立販売価格）}≒7,407

(2) X1年度

(借) 契約負債	2,778	(貸) 売上高	2,778

※ 契約負債：7,407（契約負債）×3,000ポイント（X1年度末までに使用されたポイント）÷8,000ポイント（使用されると見込むポイント総数）≒2,778

(3) X2年度

(借) 契約負債	3,322	(貸) 売上高	3,322

※ 契約負債：7,407（契約負債）×7,000ポイント（X2年度末までに使用されたポイント）÷8,500ポイント（使用されると見込むポイント総数）－2,778（X1年度収益）≒3,322

2．解答の金額

売上高：3,322

契約負債：7,407－2,778－3,322＝1,307

24-3 本人・代理人

重要度A　／□　／□　／□

以下の資料に基づき、当期（×１年４月１日～×２年３月31日）の収益の金額を答えなさい。

1．当社はウェブサイトを運営しており､当該ウェブサイト上で､当社製品及び他社製品を販売している。
2．ウェブサイトを通じて他社製品が販売された場合、当社は販売価格の20％に相当する手数料を獲得することができる。
3．他社製品について、顧客に製品を提供する主たる責任は他社が有しており、また、当社には在庫リスクや販売価格の裁量権もない。なお、当社製品については、顧客に製品を提供する主たる責任は当社が有しており、また、在庫リスクや販売価格の裁量権も当社にある。
4．顧客は、当社のウェブサイトを通じて以下の製品を購入した。
　当社製品：50,000円
　他社製品：30,000円

■解答欄

円

解答・解説　本人・代理人

56,000円

1．仕訳

(借)	○　○　○	50,000	(貸)	売　上　高	50,000
(借)	○　○　○	6,000	(貸)	手 数 料 収 入	6,000

※　当社製品の販売は本人としての取引であり、他社製品の販売は代理人としての取引となる。よって、当社製品の収益は総額で計上し、他社製品の収益は純額で計上する。

なお、手数料収入（他社製品の販売に関する収益）は以下のように計算する。

30,000（販売代金）×20％（手数料率）＝6,000

2．解答の金額

50,000（当社製品の販売に関する収益）＋6,000（他社製品の販売に関する収益）＝56,000

24-4 返品権付き販売

重要度A　／□　／□　／□

以下の資料に基づき、当期（×1年4月1日～×2年3月31日）の財務諸表に計上される各金額を答えなさい。

1．当社は製品1,000個（原価@100円）を120,000円（売価@120円）で顧客に現金販売した。
2．契約により、顧客が未使用の製品を1ヶ月以内に返品した場合、全額の返金が行われる。
3．この契約では、顧客が製品を返品することが認められているため、当社が顧客から受け取る対価は変動対価である。
4．販売時点において、販売した製品のうち1％が返品されると合理的に予想した。なお、回収費用は考慮しないものとする。
5．当社は、変動対価に関する不確実性が事後的に解消される時点までに、計上される収益の額の著しい減額が発生しない可能性が極めて高いと判断した。
6．商品売買の記帳方法として売上原価対立法を採用している。

■解答欄

損益計算書の売上高	円
損益計算書の売上原価	円
貸借対照表の返品資産	円
貸借対照表の返金負債	円

解答・解説 返品権付き販売

損益計算書の売上高	118,800円
損益計算書の売上原価	99,000円
貸借対照表の返品資産	1,000円
貸借対照表の返金負債	1,200円

1．販売時の仕訳

(借)	現金預金	120,000	(貸)	売上高	118,800※1
				返金負債	1,200※2
(借)	売上原価	99,000※3	(貸)	棚卸資産	100,000
	返品資産	1,000※4			

※1　売上高：120,000×99％＝118,800

※2　返金負債：120,000×１％＝1,200

※3　売上原価：1,000個×@100（原価）×99％＝99,000

※4　返品資産：1,000個×@100（原価）×１％＝1,000

第24章 収益認識

24-5 工事契約

重要度B　／□　／□　／□

以下の資料に基づき、当期の工事利益の金額を答えなさい。なお、解答する金額がマイナスとなる場合には△の記号を付すこと。

〔資料〕

1．工事台帳

	甲　工　事	乙　工　事
請負金額	600,000千円	1,000,000千円
見積工事原価	450,000千円	960,000千円
工事期間	×５年10月～ ×８年２月	×４年７月～ ×７年５月
前期までの工事原価	—	252,000千円
引渡日	×８年３月	×７年７月
当期の工事原価		
直接材料費	60,000千円	180,000千円
直接労務費	27,000千円	135,000千円
工事間接費	39,000千円	168,000千円
備考	建設中	建設中

2．その他の資料

(1) 甲工事及び乙工事の契約は、一定の期間にわたり充足される単一の履行義務に該当する。履行義務の充足に係る進捗度（工事進捗度）は、コストに基づくインプット法（原価比例法）による。

(2) 会計期間は×５年４月１日～×６年３月31日である。

(3) 乙工事について、当期に見積工事原価を1,050,000千円に変更した。

(4) 計算上、端数が生じる場合は千円未満を四捨五入すること。

■解答欄

千円

解答・解説 工事契約

△18,500千円

1．甲工事

	当期
工事収益	168,000
工事原価	126,000
工事利益	42,000

工事進捗度：126,000（当期工事原価※）÷450,000（見積工事原価）＝0.28

※　60,000（直接材料費）＋27,000（直接労務費）＋39,000（工事間接費）＝126,000

工事収益：600,000（請負金額）×0.28（工事進捗度）＝168,000

2．乙工事

	前期	当期
工事収益	262,500	437,500
工事原価	252,000	498,000
工事利益（△は損失）	10,500	△60,500

(1)　前期工事収益

工事進捗度：252,000（前期工事原価）÷960,000（変更前見積工事原価）＝0.2625

工事収益：1,000,000（請負金額）×0.2625（工事進捗度）＝262,500

(2)　当期工事損失（引当金設定前）

工事進捗度：735,000（当期までの工事原価※）÷1,050,000（変更後見積工事原価）＝0.7

※　252,000（前期工事原価）＋180,000（直接材料費）＋135,000（直接労務費）＋168,000（工事間接費）＝735,000

工事収益：1,000,000（請負金額）×0.7（工事進捗度）－262,500（前期工事収益）＝437,500

工事損失（引当金設定前）：437,500（当期工事収益）－483,000（当期工事原価※）＝△45,500

※　180,000(直接材料費)+135,000(直接労務費)+168,000(工事間接費)=483,000

(3)　工事損失引当金の設定

(借)	売上原価	15,000	(貸)	工事損失引当金	15,000

※　1,050,000（変更後見積工事原価）－1,000,000（請負金額）＋10,500（前期工事利益）－45,500（引当金設定前工事損失）＝15,000

(4)　工事原価（引当金設定後）

483,000（当期工事原価）＋15,000（設定額）＝498,000

(5)　工事損失（引当金計上後）

△45,500（引当金設定前工事損失）－15,000（設定額）＝△60,500

3．解答の金額

42,000（甲工事）－60,500（乙工事）＝△18,500

24-6 理論問題①

重要度 B　/ □　/ □　/ □

次の各文章の（　　）の中に入る適切な語句を記入しなさい。

⑴ 収益を認識するために、次の①から⑤のステップを適用する。

① 顧客との（　1　）を識別する。（ステップ1）

② （　1　）における（　2　）を識別する。（ステップ2）

③ （　3　）を算定する。（ステップ3）

④ （　1　）における（　2　）に（　3　）を配分する。（ステップ4）

⑤ （　2　）を（　4　）したときに又は（　4　）するにつれて収益を認識する。（ステップ5）

⑵ 「（　5　）」とは、企業が顧客に移転した財又はサービスと交換に受け取る対価に対する企業の権利（ただし、顧客との契約から生じた債権を除く。）をいう。

⑶ 「顧客との契約から生じた債権」とは、企業が顧客に移転した財又はサービスと交換に受け取る対価に対する企業の権利のうち（　6　）のものをいう。

■解答欄

1		2		3	
4		5		6	

解答・解説 理論問題①

1	契約	2	履行義務	3	取引価格
4	充足	5	契約資産	6	無条件

⑴ 収益を認識するために、次の①から⑤のステップを適用する。

① 顧客との⑴契約を識別する。(ステップ1)

② ⑴契約における⑵履行義務を識別する。(ステップ2)

③ ⑶取引価格を算定する。(ステップ3)

④ ⑴契約における⑵履行義務に⑶取引価格を配分する。(ステップ4)

⑤ ⑵履行義務を⑷充足したときに又は⑷充足するにつれて収益を認識する。(ステップ5)

⑵ 「⑸契約資産」とは、企業が顧客に移転した財又はサービスと交換に受け取る対価に対する企業の権利（ただし、顧客との契約から生じた債権を除く。）をいう。

⑶ 「顧客との契約から生じた債権」とは、企業が顧客に移転した財又はサービスと交換に受け取る対価に対する企業の権利のうち⑹無条件のものをいう。

24-7 理論問題②

重要度B　／□　／□　／□

次の文章について、正しいと思うものには○印を、正しくないと思うものには×印を解答欄に記入しなさい。

⑴　取引価格とは、財又はサービスの顧客への移転と交換に企業が権利を得ると見込む対価の額をいう。よって、顧客から受け取った（または受け取ると見込む）対価は、その全額を取引価格として扱う。

⑵　企業が代理人に該当する場合とは、財又はサービスが顧客に提供される前に当該財又はサービスを支配している場合である。

⑶　返品権付きの商品の販売を行った場合、返品される可能性がある部分も含めて収益を認識し、翌期以降返品が予想される利益相当額について、返品調整引当金を計上する。

⑷　１つの契約に複数の履行義務がある場合、履行義務に対する取引価格の配分は、財又はサービスの顧客への移転と交換に企業が権利を得ると見込む対価の額を描写するように行う。また、財又はサービスの独立販売価格の比率に基づき、契約において識別したそれぞれの履行義務に取引価格を配分する。

⑸　収益認識基準における契約とは、法的な強制力のある権利及び義務を生じさせる複数の当事者間における取決めをいうが、これには書面だけでなく、口頭や取引慣行等も含まれる。

⑹　約束した財又はサービスに対する保証が、当該財又はサービスが合意された仕様に従っているという保証のみである場合、当該保証について契約負債を計上する。

■解答欄

1		2		3		4		5		6	

解答・解説　理論問題②

1	×	2	×	3	×	4	○	5	○	6	×

(1) 誤り

取引価格とは、財又はサービスの顧客への移転と交換に企業が権利を得ると見込む対価の額（ただし、第三者のために回収する額を除く。）をいう。

(2) 誤り

本人に該当する場合の説明であるため誤り。

(3) 誤り

返品権付きの商品の販売を行った場合、返品されると見込まれる商品の対価を除いて、企業が権利を得ると見込む対価の額で収益を認識し、返品されると見込まれる商品の対価の額は返金負債を認識する。

(4) 正しい

(5) 正しい

(6) 誤り

約束した財又はサービスに対する保証が、当該財又はサービスが合意された仕様に従っているという保証のみである場合、当該保証について、製品保証引当金を計上する。

第25章

本支店会計

25-1 本支店会計①

重要度A　／□　／□　／□

次の資料に基づいて、売上総利益までの合併損益計算書を作成しなさい。

1．決算整理前残高試算表の一部

残　高　試　算　表　　（単位：千円）

勘定科目	本　店	支　店	勘定科目	本　店	支　店
現金預金	61,900	37,420	買掛金	74,500	—
売掛金	65,800	49,700	繰延内部利益	7,000	—
繰越商品	65,000	42,000	本店	—	306,166
支店	306,166	—	売上	757,500	667,500
仕入	950,000	—	支店売上	540,000	—
本店仕入	—	540,000	受取地代	—	1,638
営業費	259,634	118,600			

2．決算整理事項

(1)　本店は外部から甲商品を購入し、外部へ販売するとともに支店へ原価に20%の利益を付加して送付している。支店は、本店から仕入れた商品を外部に販売している。

(2)　期末商品棚卸高

(a)　本店

甲商品：帳簿棚卸高　60,000千円

(b)　支店

甲商品：帳簿棚卸高　48,000千円

■解答欄

損益計算書 (単位：千円)

Ⅰ 売上高		(　　　)
Ⅱ 売上原価		
1 期首商品棚卸高	(　　　)	
2 当期商品仕入高	(　　　)	
計	(　　　)	
3 期末商品棚卸高	(　　　)	(　　　)
売上総利益		(　　　)

解答・解説 本支店会計①

損　益　計　算　書		(単位：千円)
Ⅰ 売　上　高		1,425,000
Ⅱ 売　上　原　価		
1 期首商品棚卸高	100,000	
2 当期商品仕入高	950,000	
計	1,050,000	
3 期末商品棚卸高	100,000	950,000
売　上　総　利　益		475,000

1．合併精算表上の仕訳

繰延内部利益控除の計算：48,000（支店の帳簿棚卸高）×0.2 ／ 1.2＝8,000

2．合併損益計算書の作成

(1) 売上高

757,500（本店前T/B売上）＋667,500（支店前T/B売上）＝1,425,000

(2) 売上原価

期首商品棚卸高：65,000（本店前T/B繰越商品）＋42,000（支店前T/B繰越商品）
－7,000（繰延内部利益戻入）＝100,000

当期商品仕入高：950,000（本店前T/B仕入）

期末商品棚卸高：60,000（本店の帳簿棚卸高）＋48,000（支店の帳簿棚卸高）
－8,000（繰延内部利益控除）＝100,000

25-2 本支店会計②

重要度 B　＿/□　＿/□　＿/□

次の資料に基づいて、下記の設問に答えなさい。

1．決算整理前残高試算表

残　高　試　算　表　　　　(単位：円)

勘定科目	本店	支店	勘定科目	本店	支店
現金預金	185,000	68,000	繰延内部利益	10,800	—
繰越商品	200,000	120,000	減価償却累計額	27,000	21,600
備品	100,000	80,000	本店	—	96,400
支店	96,400	—	資本金	200,000	—
仕入	500,000	300,000	繰越利益剰余金	133,600	—
本店仕入	—	260,000	売上	600,000	750,000
営業費	150,000	40,000	支店売上	260,000	—
合計	1,231,400	868,000	合計	1,231,400	868,000

2．決算整理事項

(1) 期末商品棚卸高

本店　帳簿棚卸高　120,000円　　支店　帳簿棚卸高　150,000円※

※　本店仕入分52,000円が含まれている。

(2) 本店は支店へ商品を送付する場合、原価に30%の利益を付加している。

(3) 売上原価の集計場所は仕入勘定とする。

(4) 減価償却は、定額法、残存価額10%、耐用年数10年で実施している。なお、減価償却費は営業費として処理すること。

(5) 税引前当期純利益の40%を当期の法人税等とする。なお、中間納付は行ってない。

問1　本店及び支店の決算整理後残高試算表を作成しなさい。

問2　合併損益計算書及び合併貸借対照表を作成しなさい。

■解答欄

問1

<本店の決算整理後残高試算表>

後T／B　(単位：円)

現金預金	(　)	繰延内部利益	(　)
繰越商品	(　)	減価償却累計額	(　)
備品	(　)	資本金	(　)
支店	(　)	繰越利益剰余金	(　)
仕入	(　)	売上	(　)
営業費	(　)	支店売上	(　)
	(　)		(　)

<支店の決算整理後残高試算表>

後T／B　(単位：円)

現金預金	(　)	減価償却累計額	(　)
繰越商品	(　)	本店	(　)
備品	(　)	売上	(　)
仕入	(　)		
本店仕入	(　)		
営業費	(　)		
	(　)		(　)

問2

損益計算書　(単位：円)

売上原価	(　)	売上	(　)
営業費	(　)		
法人税等	(　)		
当期純利益	(　)		
	(　)		(　)

貸借対照表　(単位：円)

現金預金	(　)	未払法人税等	(　)
繰越商品	(　)	資本金	(　)
備品	(　)	繰越利益剰余金	(　)
減価償却累計額	(　)		
	(　)		(　)

解答・解説 本支店会計②

問1

＜本店の決算整理後残高試算表＞

後T／B （単位：円）

現金預金	185,000	繰延内部利益	10,800
繰越商品	120,000	減価償却累計額	36,000
備品	100,000	資本金	200,000
支店	96,400	繰越利益剰余金	133,600
仕入	580,000	売上	600,000
営業費	159,000	支店売上	260,000
	1,240,400		1,240,400

＜支店の決算整理後残高試算表＞

後T／B （単位：円）

現金預金	68,000	減価償却累計額	28,800
繰越商品	150,000	本店	96,400
備品	80,000	売上	750,000
仕入	270,000		
本店仕入	260,000		
営業費	47,200		
	875,200		875,200

問2

損益計算書 （単位：円）

売上原価	851,200	売上	1,350,000
営業費	206,200		
法人税等	117,040		
当期純利益	175,560		
	1,350,000		1,350,000

貸借対照表 （単位：円）

現金預金	253,000	未払法人税等	117,040
繰越商品	258,000	資本金	200,000
備品	180,000	繰越利益剰余金	309,160
減価償却累計額	△64,800		
	626,200		626,200

1．決算整理後残高試算表の作成

(1) 本店

借方科目	金額	貸方科目	金額
仕入	200,000	繰越商品	200,000
繰越商品	120,000	仕入	120,000
営業費	9,000	減価償却累計額	9,000

※1　営業費（減価償却費）：100,000（前T/B備品）×90％÷10年＝9,000

(2) 支店

借方科目	金額	貸方科目	金額
仕入	120,000	繰越商品	120,000
繰越商品	150,000	仕入	150,000
営業費	7,200	減価償却累計額	7,200

※1　営業費（減価償却費）：80,000（前T/B備品）×90％÷10年＝7,200

(3) 本店・支店の利益の算定

本店：600,000（売上）＋260,000（支店売上）－580,000（売上原価）－159,000（営業費）＝121,000

支店：750,000（売上）－530,000（売上原価）－47,200（営業費）＝172,800

2．公表用財務諸表の金額

(1) 内部利益の金額

期首：10,800（本店前T/B繰延内部利益）

期末：52,000（期末帳簿棚卸高）×0.3 ／ 1.3＝12,000

(2) 財務諸表計上額

下記の２項目以外は、本店計上額と支店計上額の合算金額となる。なお、照合勘定である支店売上勘定、本店仕入勘定、本店勘定、支店勘定は公表用財務諸表に計上されない点に留意すること。

売上原価：580,000（本店）＋270,000（支店）－10,800（期首内部利益※1）＋12,000（期末内部利益※2）＝851,200

※1　期首内部利益は期首商品棚卸高の控除項目であるため、売上原価の減少要因となる。

※2　期末内部利益は期末商品棚卸高の控除項目であるため、売上原価の増加要因となる。

法人税等・未払法人税等：292,600（税引前当期利益※1）×40％＝117,040

※1　税引前当期利益：121,000（本店利益）＋172,800（支店利益）＋10,800（期首内部利益※2）－12,000（期末内部利益※3）＝292,600

※2　期首内部利益は内部利益の実現としての調整であるため、利益の増加要因となる。

※3　期末内部利益は内部利益の消去としての調整であるため、利益の減少要因となる。

〈編著者紹介〉

CPA会計学院

公認会計士試験受験指導で圧倒的な合格実績を誇る人気スクール。
創設は昭和43年。わが国で初めて全日制による公認会計士受験指導を始めたスクールとして誕生した。本質が理解できる講義・教材により、全国の学生・社会人から支持を得ている。
創設以来、全国展開をせず、受講生一人ひとりを手厚くするフォローする戦略を採用している。

近年、受験生からの絶大な支持を集める人気講師を多数擁したうえで、高い合格率を維持したまま合格者数を増やすことに成功した。
2022年公認会計士試験では全体合格者1,456名の内、606名の合格者の輩出、総合合格1位合格者の輩出など圧倒的な実績を残している。

いちばんわかる日商簿記1級
商業簿記・会計学の問題集　第I部

2023年5月18日　初版第1刷発行

編著者　CPA会計学院
発行者　アガルート・パブリッシング
〒162-0814　東京都新宿区新小川町5-5　サンケンビル4階
e-mail：customer@agaroot.jp
ウェブサイト：https://www.agaroot.jp/

発売　サンクチュアリ出版
〒113-0023　東京都文京区向丘2-14-9
電話：03-5834-2507　FAX：03-5834-2508

印刷・製本　シナノ書籍印刷株式会社

ISBN978-4-8014-9388-9